東京β

TOKYO BETA

更新《UPDATE》され続ける都市の物語

速水健朗

筑摩書房

目次

東京β
TOKYO BETA

水の都江戸へのノスタルジー
ホテルニュージャパンの跡地
東京湾を横断する大堤防計画
大規模開発が困難な時代
OSの不具合によって暴走するレイバー
押井守の「東京原住民」という視点
『釣りバカ日誌』が描く水運都市東京
日本橋の景観を巡り考える都市イデオロギー

第五章
接続点としての新橋――鉄道とテレビ、二つのメディアのステーション

鉄道とテレビ、二つの新橋を意味づけるメディア
明治新政府の鉄道政策
立身出世と鉄道
三四郎と東海道線、新橋―神戸間の開通
東京の中央ステージとしての新橋駅
中央停車場の計画とその誕生
日本最大規模、新橋の闇市

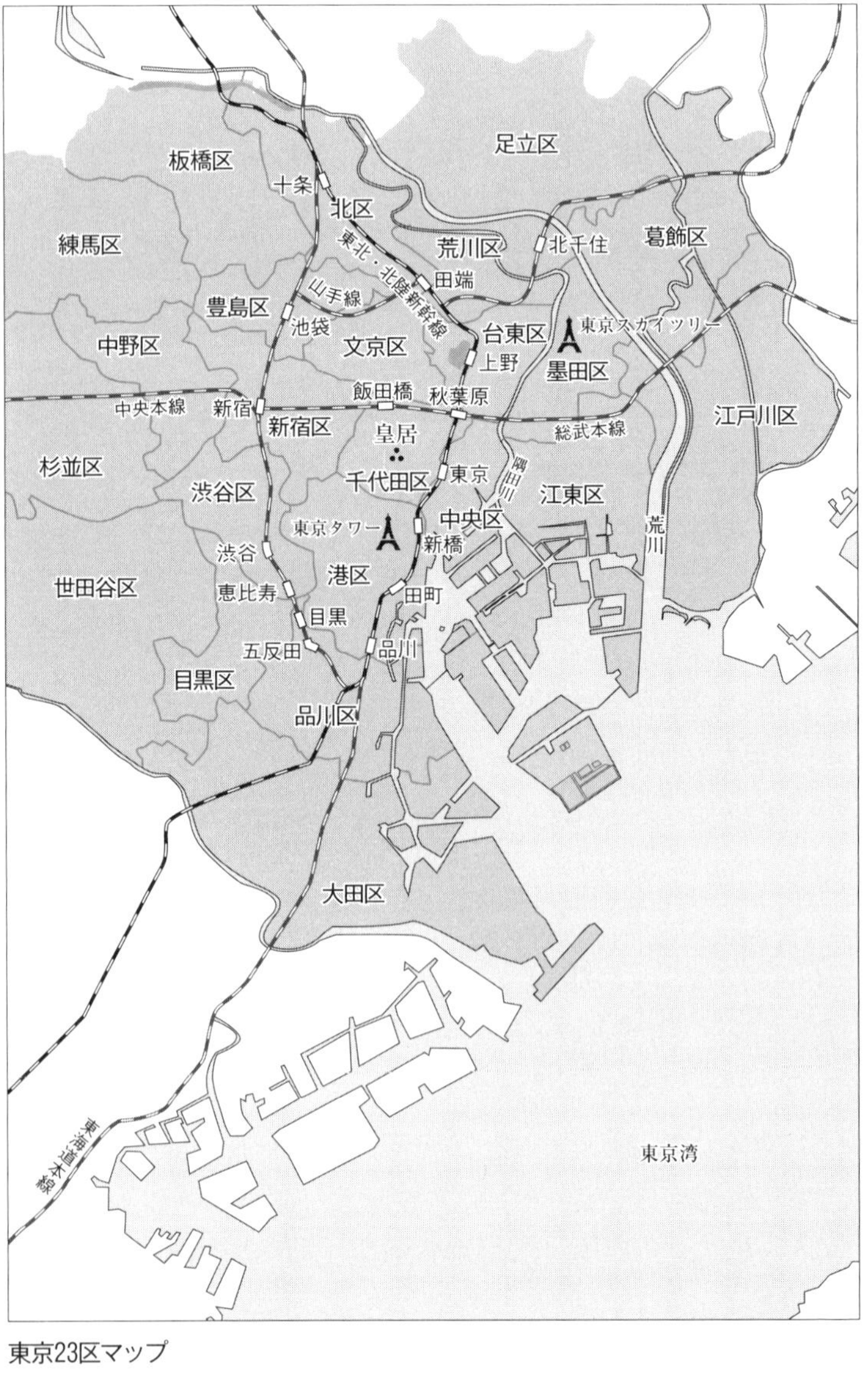
足立区
板橋区
十条
北区
練馬区
荒川区
北千住
葛飾区
東北・北陸新幹線
田端
山手線
豊島区
池袋
台東区
東京スカイツリー
中野区
文京区
上野
墨田区
飯田橋
秋葉原
中央本線
新宿
新宿区
総武本線
江戸川区
皇居
杉並区
東京
隅田川
千代田区
渋谷区
江東区
中央区
東京タワー
荒川
新橋
渋谷
港区
世田谷区
恵比寿
田町
目黒
五反田
品川
目黒区
品川区
大田区
東海道本線
東京湾

東京23区マップ

はじめに

東京の街は、常にその姿を変化させている。

東京の街角に何か新しい建築物ができたなと気がつくことがあっても、かつてそこが何だったのかは、もう思い出せはしない。そんなことはあまりに当たり前になりすぎていて、誰も思い出そうとすら考えないのだ。東京とは、そんな街である。

『銀幕の東京――映画でよみがえる昭和』を書いた川本三郎は、「普請中《ふしん》」「建設中」であることを「宿命づけられている」と東京について書いた。ヨーロッパの歴史のある都市であれば、一〇〇年前の姿であっても残っているが、東京の場合は一〇〇年はおろか、五〇年前であってもその姿はまったく違うものになっている。

震災、戦禍《せんか》、高度経済成長、バブル経済。消失と乱開発を繰り返してきた東京。東京ほど、かつての姿を後世に残していない都市は世界にも例がない。

だが、かつての東京がどんな場所だったか、そこにどんな生活や文化が存在していたのかを振り返る手段はある。さいわいなことに東京を舞台にした映画やドラマ、さらには小説やマンガは数多く存在している。これらの中には、かつての東京がそのまま封じ込められているのだ。

本書は、東京論である。かつての東京の姿が伝わってくるフィクション（映画、ドラマ、小説、マンガ）を数多く取り上げている。ただただ東京が写っていればいいというわけではなく、〝都市の変化〟を意識的に描いている作品を論じている。

すでに触れたように、この街に住むものにとって、東京の風景の変化は当たり前のものでしかない。筆者もすっかり開き直り、いまさら東京の変化を否定的に考えるつもりもなくなっている。従って、本書は懐古趣味という視点から東京の過去の風景を眺めるという内容にはなっていない。むしろ、街の変化を前向きに捉える視点は、都市というものの本質を理解するためには必要なのだ。都市は、現在その街に住んでいる人たちだけのものではなく、これから住みたいという人のものでもある。街の変化を受け入れないという姿勢は、大げさに言えば既存住民の論理であり、既得権益の過剰保護でもある。良い都市とは常に変化し続ける都市のことである。開き直るとそういう結論に至る。東京の歴史を語る際に、いちいちノスタルジーなど感じてはいられない。

その意味を込めて本書のタイトルは、『東京β《ベータ》』とした。ソフトウェアやウェブサービスなどにおいて正式版をリリースする前に発表する「試用版」をβとする習わしがある。永遠に完成しないという意味合いを含めてβと命名することがITの世界で流行ったのは少し前のことだ。本書は二〇〇九年から四年間、紀伊國屋書店出版部が刊行する『scripta』というフリーペーパーにて掲載されていた連載を元に、大幅加筆修正したものであり、書籍化の題名もこの当時付けたものをそのまま使用することにした。完成せずに更新され続ける街をテーマにした都市論であることを示すのにふさわしい題名だと思ったからだ。

連載時の四年間にも、東京の街は急速に変化し続けていた。本書は東京論であるにもかかわらず、従来の東京論では必ず触れられてきた渋谷、秋葉原などの街に関する言及が極端に少ない。その代わりに、これまでは語られる機会が少なかった湾岸の埋立地などに重きを置いている。

一九六四年の東京オリンピック以降の東京は、新宿、渋谷といったターミナルを中心とした西側が発展してきた。本書では、その〝西高東低〟とも呼ばれてきたような東京の発展の傾向から、それを脱して次の段階へと移行しつつある東京の変化を捉えたつもりである。湾岸の埋立地を始め、水辺の東京が次なる発展の現場である。

東京を舞台とした作品は、無数に存在する。個々にはバラバラの作品群が存在するだけだが、それらを全体として俯瞰すると、街の変遷のイメージが積み重なった地層をなす堆積物に見えてくる。こうした堆積物としての都市の記録の束を発掘することで、東京の変化を探る。それが本書の目的である。

第一章

東京湾岸の日常

——家族と高層集合住宅のクロニクル

東京β
TOKYO BETA

高層住宅での生活という未来

近年、東京湾岸は、急速にその姿を変えつつある。この変化は、二〇二〇(平成三二)年の東京オリンピック開催と結びついたものとして語られることが多いが、実のところ東京中心部の大規模開発は、その決定以前から進んでおり、五輪開催とは関係なく、発展を迎えているというのが正解である。

東京湾の臨海地域は、江戸時代、一部はそれ以前からすでに埋め立てが進められてきたもので、思いのほかその歴史は長い。隅田川河口の埋立地は、「洲《す》」としてゴミの埋め立てにより生まれた場所であり、有効利用のために埋め立てられたわけではなかった。そのため、これらが東京の都市計画の中にうまく組み込まれた例は少なかった。

むしろ、多くの臨海地域は、幾度かの計画変更によって宙づりにされてきた場所であり、おざなりな開発に翻弄されてきた地域でもある。東京に住む者にとっても、「放置されてきた場所」と認識されてきたといっていい。そこに明確な変化が現れたのは、せいぜい二〇〇〇年代中盤以降のことである。

湾岸の光景を大きく変えている要因は、湾岸の埋立地に次々と立ち並ぶようになったタワーマンションにある。家族の住む場所としての住宅の最新型がタワーマンションだとすると、戦

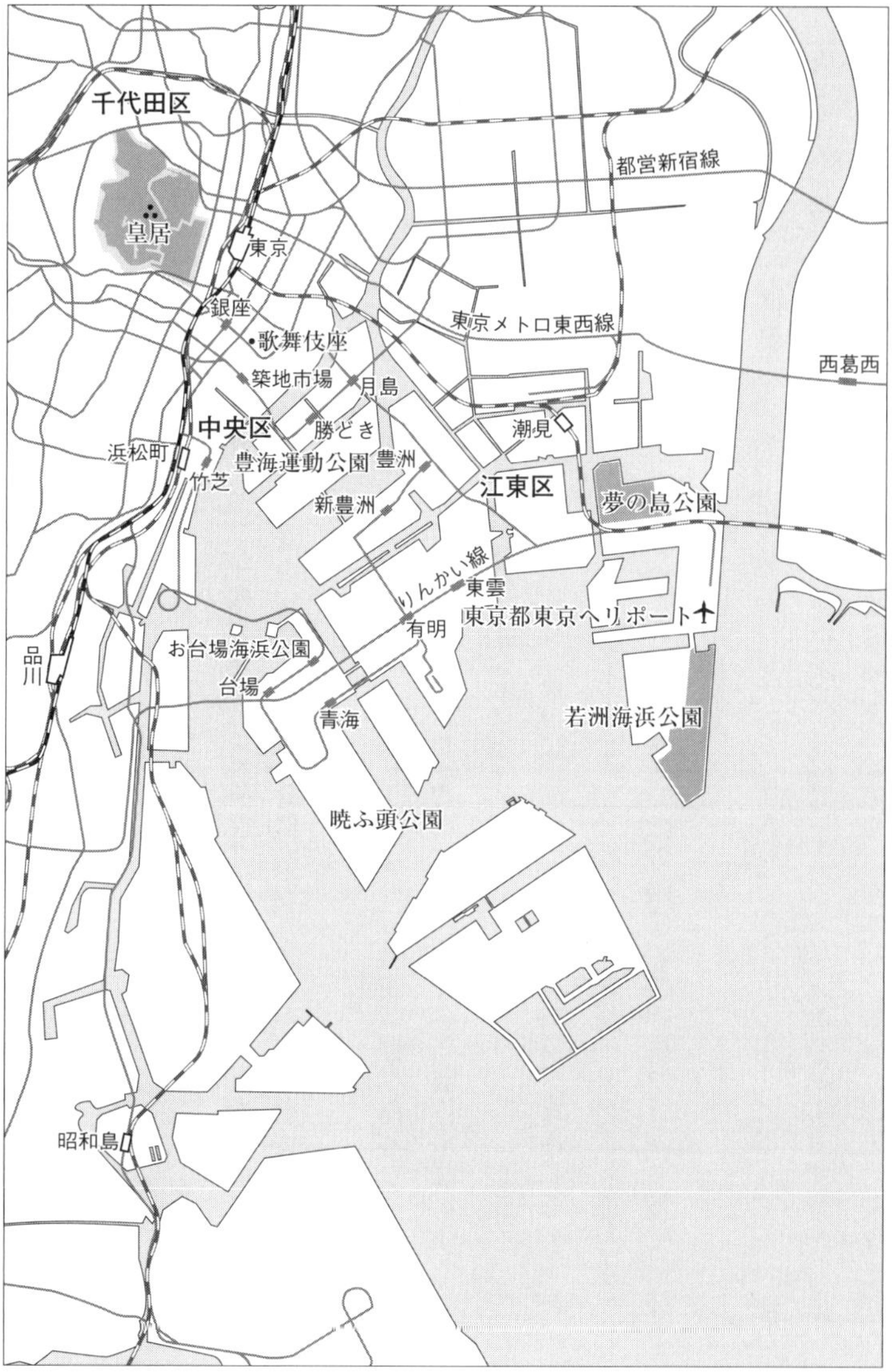
千代田区
皇居
東京
銀座
歌舞伎座
築地市場
月島
中央区
勝どき
浜松町
竹芝
豊海運動公園
豊洲
新豊洲
潮見
江東区
夢の島公園
都営新宿線
東京メトロ東西線
西葛西
りんかい線
東雲
東京都東京ヘリポート
有明
お台場海浜公園
台場
青海
品川
若洲海浜公園
暁ふ頭公園
昭和島

東京湾岸周辺マップ

前戦後のまだ高層住宅など存在しなかった時代の住宅事情から現代のタワーマンションに至る住宅の変遷とは、そこに住む家族の変化の歴史でもあるのだ。

日本の高層住宅の歴史はどこから始まったのか。

日本住宅公団（現・都市再生機構、略称ＵＲ）が設立されたのは、大都市への人口流入が本格化し始めていた高度経済成長期初頭の一九五五年（昭和三〇）のこと。都市部の住宅難を解消すべく、公団は都市近郊を中心に、低中層の大規模集合住宅の大量供給を進めていった。ここから団地の時代が始まったのである。

当時の公団住宅、いわゆる団地は、高層といってもせいぜい五階建て程度だった。だが公団は、発足直後から未来の日本人の生活を想定した実験的な試みとして「高層住宅に対する試験的な建設」（日本住宅公園『日本住宅公団10年史』）に着手しようとしていた。

公団が一九五八（昭和三三）年に竣工した「晴海《はるみ》団地高層アパート」は、まさにその実験的な意味合いの強い、一〇階建てという高層住宅の試みだった。この晴海団地は、一五棟全六六九戸からなる巨大団地で、その一号館から一四号館までは五階建ての中層フラット棟で構成されている。高層一〇階建ては、一五号館の一棟のみ。

規模としては、「昭和三三年の完成時には、大阪の西長堀アパート（地下一階、地上一一階、二六三戸）と並んで、わが国最大級の公団住宅」（日経アーキテクチュア編『有名建築その後』）だった。設計に関わったのは、フランスの著名な建築家ル・コルビュジェに学んだ経歴を持つ

竣工時の晴海団地　　© 毎日新聞社

ユニテ・ダビタシオン

前川國男《くにお》で、打ち放しコンクリートの外観や、スキップフロアと呼ばれる多層化構造などを採用した斬新な建築物でもあった。ル・コルビュジェによる集合住宅の傑作「ユニテ・ダビタシオン」との共通点は多かったのだ。

立地としては、都市郊外に造られることが多かった団地の中でも、都心に近い変わり種であった。この団地が建っていた晴海は、東京湾臨海地域であり、この辺りでも最初に開発が着手された地域の一つである。

戦後日本人の新しい生活

晴海団地高層アパートの竣工から四年後の一九六二（昭和三七）年。ここを舞台とした映画『しとやかな獣』（川島雄三監督）が公開されている。

物語の舞台となるのは、一〇階建ての一五号館ではなく、五階建て中層フラット棟の四階の一室だった。ここには、四人家族の前田家が住んでいる。この映画の中でカメラは、ほぼこの前田家が住む団地の中から出ることはない。また、オープニングのタイトルバック以外に、音楽が流れることもない。

映画の中で、父親がベランダから双眼鏡で外を見るシーンがある。この箇所は、この建物の周囲の様子が描写される数少ない場面である。団地の周囲は整地された広大な土地であることがわかる。まだ大規模開発の最中だ。双眼鏡には近くを飛ぶ戦闘機の姿も映る。高層階であることをアピールするためなのか、映画中には何度もこの戦闘機が近くをかすめて飛ぶ際の爆音が聞こえている。

晴海は、かつては月島四号地と呼ばれていた隅田川河口付近の埋立地である。埋め立てられた時期は、明治中期なので、周囲の埋立地に比べるとやや遅い時期ということになる。

この晴海から運河を挟んで勝どきがあり、さらにその先に進んで勝鬨《かちどき》橋を渡ると築地、さらにその先は銀座である。銀座までの距離は約二キロであり、すでに述べたように都市近郊というより、十分に都心といっていい場所にもかかわらず戦前までは何もないに等しい土地だった。

前田家の長女・友子は、人気小説家・吉沢の「二号」、つまり妾の座に納まっている。この一室は、そもそも作家の吉沢が友子を囲うために用意したものなのだが、そこを勝手に一家が占拠して住んでいるようだ。弟の実は芸能プロダクションに勤めていたが、そこでの横領が発覚し、会社の人たちから身を隠してこの一室に出入りしている。

この娘と息子の二人を背後で動かしているのは、一家の大黒柱である伊藤雄之助演じる時造である。彼自身は、元海軍の将校のようだ。だが、現在は何も仕事はせず、山岡久乃演じる妻のよしのと一緒に、娘と息子が真っ当とは言いにくい手段で稼いだ金で悠々自適な生活を営んでいる。

この前田家のリビングはモダンで優雅である。ソファとレースのクロスが掛かったテーブルが置かれ、ポータブルのしゃれたテレビもあり、冷蔵庫は最新型で、中にはコカ・コーラやビールの瓶が詰まっている。まるで広告カタログのようなリビングである。

一九六〇年代、団地の生活は一般の庶民にとってはまだまだ憧れの対象だった。特に晴海団地の存在は、一般の団地とも違い、作家や芸能人が住むようなランクの高い住宅として知られていた。当時の公団は、坪一万円を超える土地に住宅を建てるようなことはめったになかったようだが、晴海団地は坪四万円と「格段に高い用地」だった（前掲『有名建築その後』）という。

一九六〇年に日本住宅公団が制作した、『団地への招待』という宣伝映像がある。これは、当時まだ集合住宅に住むことが一般的ではなかった時代に、新たなライフスタイルを映像で見せて、団地の生活はどうあるべきかを提案するという啓蒙的なものだ。

やはりリビングにはソファやテーブル、ステレオセットなどが置かれ、住人の夫婦が部屋でカクテルグラスを傾けている様子が映されている。

ちゃぶ台の生活から、椅子とテーブルの生活へ。集合住宅に住むということは、衛生的で文化的な、西洋的ライフスタイルを選択すること。日本住宅公団は、少なくともそのようなメッセージを発していた。

団地に詳しい政治学者の原武史は、当時の日本では「新興の団地こそ、アメリカ型ライフスタイルの先端を行くものと考えられた」（『団地の空間政治学』）と指摘する。戦後の日本は、民主主義で政治を転換し、産業の発展で経済を転換し、アメリカ的消費社会の導入をもって生活様式を転換したのだ。

また消費社会研究者の三浦展は、「消費をし、家電やクルマや住宅を買うことによって初めて家族は家族たりえた」（『「家族」と「幸福」の戦後史』）と指摘している。団地に住む主体となった「核家族」は、「それまでの伝統的な地域社会から離脱」した存在であり、彼らを「まとめあげ、凝集させる役割を担った」ものが消費なのだという。

前田家は、一般的な家族の姿とはかけ離れているが、その構成を見ると両親と娘、息子という典型的な核家族だ。そして、新しい住処である「団地」に住み、ソファやテーブル、ステレオセットといった「新しいライフスタイル」を約束してくれる消費財たちに囲まれることで「家族」のフォルムを維持しているのだ。

空疎な場所としての埋立地の団地

『しとやかな獣』の前田家が、詐欺まがいの行為で金を手にして優雅な生活を送るのは、かつての貧乏生活への復讐のためである。

元海軍中佐の父は、戦後に手掛けた事業に失敗し、「雨もりするバラックで雑炊ばっかり食っていた」というほどの困窮生活に陥っていた。そこから這い上がるため、詐欺だろうが何だろうが、一家総出でなりふり構わず金を追い求めるようになったのだ。

弟「ママ、俺腹減ったな」
母「ご飯はお嫌なんでしょう?」
弟「うん、なにかあっさりしたものが食いたいよ」
父「もらいものの信州そばがあったろう」
弟「飯をがつがつ食うとさ、胃袋が大きくなっちゃって、ガンになるんだってさ」
父「確かに米はいけないね。もたれるよ。日本人の食事通念は改善されるべきだ」
姉「吉沢先生もそうおっしゃっていたわ」
父「そうだろう、頭脳労働者は特にそうなんだよ。米を食うとうんこだって大きいし、痔にだってよくない」

前田家の人々はコーヒーやビールやコーラを日常的に飲み、最新のステレオから流れるジャズの音楽に合わせて踊り、テレビや冷蔵庫に囲まれるアメリカ風のリビングで生活するだけでなく、米を食べない人々となったのだ。国民の大半が米作りに従事してきた稲作の国であった日本にとって、「脱米食」は、イデオロギーを揺るがすくらいの大きな変化である。

前田家は、がむしゃらに貧困から抜け出し、戦後の新しい消費生活にしがみついているという意味において戦後家族のカリカチュアである。また、この映画にはもう一人、なりふり構わない人物が登場する。若尾文子の演じる三谷幸枝である。主要な登場人物として前田家のことばかりに触れてきたが、本作の主人公は、この幸枝である。

幸枝は、前田家に家庭崩壊をもたらそうとする人物でもある。彼女は、前田家の長男実をたぶらかし、勤め先の芸能プロダクションから金銭の横領を促し、自分に貢がせていた。そして、同時に彼女は事務所の、高松英郎演じる社長ともできており、さらには社長の税金を見逃してきた船越英二演じる税務署員とも関係しているのだ。今でいうシングルマザーの彼女は、女手一つで子どもを育てるために、人をだましながら犯罪すれすれの生き方をしているのだ。映画は、税務署員が団地の屋上から飛び降り、不吉な空気が流れたままラストを迎える。

この映画で描かれる、こっけいなまでになりふり構わない人々の生き方は、戦後直後の日本人の生活を戯画化したものだ。日本人の戦後の「転換」は、家族、消費材、食生活に及んだ。そして、それと同様に、家族の住む場所である「住宅」も変化したのだ。

そして、戦後の日本人は、貧困から抜け出すため、なりふり構わずにあがき、新しい生活を手に入れた。すると、それまでの苦労がまるでなかったかのように、それに埋没していった。この映画が公開された一九六二年は、まさにその「新しい生活」を手に入れるかどうかの狭間の時期だったのだろう。

映画のラストシーンでは、それまでほとんど団地の中ばかりを向いていたカメラが、団地の外観を映し出す。この場面では、件《くだん》の一〇階建ての高層棟〝一五号館〟の姿も映し出される。

ただし、団地の外の眺めは、そこが人が暮らす場所とはとても思えないくらいに殺風景である。閑散とした埋立地に建つ晴海団地の光景は、前田家に象徴される日本人の新しい生活の空疎さを際立たせる。

エンディングの「終」という文字の背景には、豊洲側から見た晴海の遠景が映し出されている。まっすぐに通る晴海通り、その脇に並ぶ巨大な団地群。左手前には巨大セメント工場も見える。本作の監督である川島雄三は、戦後の日本人が得ようとしていた「新しい生活」を、そこにしがみつく前田家の人々の必死さ、そして、空疎な人工物で埋め尽くされた埋立地の光景の二つに象徴させたのだろう。

その後の晴海の開発と二〇二〇年東京五輪

晴海は、その周囲の勝どき、豊洲、有明、お台場といった辺りよりも早い段階で再開発が始まったが、その開発は必ずしも明確な意図の元で行われたとは言い難いものだった。

晴海高層住宅が竣工した翌一九五九（昭和三四）年、戦時中は飛行場として利用されていた場所に東京国際見本市会場（通称・晴海）が完成した。ここでは、同年から開始された東京モーターショーをはじめとした、さまざまな見本市や大規模イベントが開かれるようになる。

〝コミケ〟として定着したコミックマーケットも、かつては晴海で開催されていた。一九七五

（昭和五〇）年から始まったコミケは、一九八一（昭和五六）年より会場を晴海に移し、二度の短い中断（別会場での開催）を挟んだものの、一九九六（平成八）年の春までは晴海で催されていた。一九九六年四月、東京国際展示場（通称・東京ビッグサイト。所在地は有明）の完成によって、年々規模が拡大していたコミケも開催地を移す。また、国際見本市会場としての役割を終えた晴海の見本市会場は同年に解体される。

一方、晴海には一九九一（平成三）年に国際航路専用の晴海客船ターミナルが完成している。ここは、当初は東京の新しい観光スポットとしても注目を浴びたが、交通の便が悪いこともあり、さびしい場所になっている。

晴海団地高層アパートが解体されたのは、老朽化が目立つようになった一九九七（平成九）年のこと。現在その跡地には、晴海アイランドトリトンスクエアという、オフィスと商業施設、住居群で構成される巨大なタワーが建っている。

湾岸の臨海地域全体が大きく姿を変貌する中、晴海は取り残された場所となっていた。その晴海が、注目を集めるのは、東京が二〇一六（平成二八）年のオリンピック候補地として立候補したときだった。この時の計画案の中で、メインスタジアムの建設地として、晴海が持ち上がったのだ。結局、このときは東京は落選。のちに二〇二〇（平成三二）年のオリンピック候補地として立候補した際の計画案では、晴海は、メインスタジアムの予定地ではなく、選手村の予定地となった。

猪瀬直樹前東京都知事のIOC総会でのプレゼンテーションによると、ここ晴海は「(東京における)過去数十年間で最大級の住宅開発」ということになる。選手村の敷地は約四四万平方メートル。東京都が選手村の居住ゾーンを開発する民間事業者を公募し、民間事業者による住宅地開発が行われ、「五輪後に一万戸規模の住宅が一気に誕生する可能性もある」(日経アーキテクチュア編『東京大改造マップ2020』)という。周囲で予定されている分を含むと、さらに一万戸が加えられ、合計二万戸の住宅が供給されることになる。

『家族ゲーム』の舞台としての東京湾岸

森田芳光監督による映画『家族ゲーム』が公開されたのは一九八三(昭和五八)年のこと。映画の舞台に選ばれたのは、東雲《しののめ》の都営アパートである。物語の舞台である団地の周囲には、すすきの生えた広大な空き地があり、無数のガスタンクやコンビナート、倉庫が建ち並ぶ殺風景な湾岸の風景が広がっている。

『しとやかな獣』の舞台であった晴海のとなりの島=州が東雲である。この一九八〇年代の東雲には、まだ変わらず殺伐とした殺風景な光景が広がっていた。

この映画の舞台が東京の湾岸地域であることは明白だが、具体的にどこがロケ地だったのかまでは簡単には一瞥できない。だが、『映画を旅する』の著者である田沼雄一が、映画に少し映っていた書店の看板を手がかりに取材を行い、ロケ地を突き止めている。東京と住宅供給公社東雲都橋住宅。ここの高層団地と周辺が映画のロケ地だ。

当時は、運河を挟んでガスタンクが存在し、それを背景に松田優作が原っぱを歩いていたが、もはやガスタンクも原っぱも存在しない。現在の東雲は、住宅地としての開発が進み、通勤通学の時間などは賑わいを見せるようになっている。

『家族ゲーム』は『しとやかな獣』の時代から約二〇年が経っているが、どちらも湾岸の団地を舞台とした核家族の物語である。『しとやかな獣』の晴海団地は高級団地で、そこに暮らす裕福な一家が描かれた。一方、『家族ゲーム』が描くのは、都営団地に住む庶民的な家族の姿である。

この時代には、もはや団地＝高層住宅での生活は、日本人にとって当たり前のものになっている。そして、戦後のなりふり構わない時代は、すでに遠くに捨て去られている。ソファやテーブルといった家具がある「新しいライフスタイル」は、もはや目新しいものでもなかったし、それが家族を結びつけるという時代でもなくなっている。

映画の原作は、本間洋平の書いた同名の小説（一九八二年刊行）であり、小説版も映画版も同じように舞台は団地なのだが、その立地が海沿いの埋立地という設定は映画だけのものだ。湾岸が舞台にされた理由の考察は、あとで行う。

沼田家は、両親と高校生の慎一と中学生の茂之の四人家族。兄は優等生で弟は落ちこぼれのいじめられっ子だ。そんな家族のもとに、松田優作が演じる風変わりな家庭教師の吉本が現れる。彼は弟の成績を上げるために雇われるのだが、暴力も辞さない指導を始める。その甲斐あってか、弟は難関校に合格し、家族は幸せを取り戻す……と思いきや、逆にそれが家族の崩壊を決定的なものにしてしまう。

弟の高校合格祝いの食卓がこの映画のクライマックスシーンだ。めでたいはずのこの席で、兄の慎一は自分が大学に進学する気のないことを父親に告白するのだ。兄は、親の期待通りのいい子でいることを目標に生きてきたが、弟がいい子になってしまったことで自身のアイデンティティが崩壊し、目標を見失ってしまったのである。

この沼田家は、はた目には普通の家族だったが、実際にはギリギリのバランスで成立していた。それが、外部からやって来た家庭教師によって崩壊の瞬間を迎えてしまうのだ。

金属バット両親殺害事件と家族の抱える不安の変化

子どもの教育を母親任せにして、仕事に逃げる父親。父親が怒るからと、子どもたちに勉強しろと叱る母親。両親の期待に応えるためだけに、良い成績を取り続ける兄。そして、その兄と比較されることで落ちこぼれのレッテルを貼り続けられる弟。こうした、お互いを顧みないままに続いていく家族のすれ違いは、映画冒頭、横長のテーブルに家族が横一列に座り、テレビを観ながら互いに干渉することなく食事をする有名なシーンで示されていた。

この沼田家の父親は、息子たちの進学については、強いこだわりがある。食卓では、受験戦争に勝つことの重要さが勇ましく語られる。だが、実際には、子どもの教育は、母親と家庭教師の吉本に丸投げしてしまっている。その吉本は、包み隠されていた家族の問題を浮き彫りにする存在であり、それを修復する義理もない。茂之のテストの点数に応じたボーナスを受け取るだけである。

『家族ゲーム』の小説が書かれ、映画化された前後は、家族の崩壊を巡る物語が多く登場していた。その多くは、『家族ゲーム』同様、はた目からはごくふつうに見える家庭が、蓋《ふた》を開ければ崩壊寸前というタイプの物語だった。そのきっかけは一九七七（昭和五二）年の山田太一脚本のドラマ『岸辺のアルバム』だろう。

主人公は郊外に一軒家を持つ一見幸せそうに見える家族だが、実際には皆がすべて問題を抱えている。父は仕事一徹のサラリーマンだが、実は会社は倒産寸前だ。母は不倫にいそしんでいる。大学生の娘はレイプ事件の被害により心を閉ざしていた。最終回、多摩川の堤防決壊によって家を失おうとしていた父は、「きれいごと」でしかない家族のアルバムを救出しようとするのだ。すでに家族は崩壊しているにもかかわらず。

一九八四年には、石井聰亙《そうご》監督、小林よしのり原案の映画『逆噴射家族』が公開されている。ここでは、団地から念願の郊外の一軒家に移った家族が、はちゃめちゃなまでに崩壊していく様が描かれた。

家族の崩壊にここまで注目が集まった背景に、家庭内暴力がある。

一九七七年の開成高校生殺人事件は、高校二年生の長男の家庭内での暴力に悩んだ父親が、長男を寝ているすきに絞殺した事件である。一九八〇（昭和五五）年には、東急田園都市線沿線のニュータウンに住む当時二〇歳の予備校生が、両親を金属バットで殴り殺すという事件が起きている。この神奈川金属バット両親殺害事件の背景にあったのが大学受験である。

一流企業に勤める優秀な兄の存在があり、父親も東大出のエリートサラリーマンだった。予備校生だった弟は家庭内で孤立しており、劣等感や焦燥感にかられた末の犯行だったのだ。

映画の『家族ゲーム』には「オレがあんまり深入りするとバット殺人が起こるんだよ」という父親の台詞がある。これは神奈川金属バット両親殺害事件を踏まえてのものだ。原作には存在しない台詞である。

日本人は、貧困が隣り合わせの時代を経て、裕福になった。当然、かつてのようながむしゃらさは無縁のものになっていた。戦争や飢餓の心配はいらなくなったが、受験や家庭内暴力、失業などの新しい問題を家族は抱えるようになったのだ。

家族を閉じこめるきゅうくつな檻

建築家の磯崎新は「核家族という概念」の「崩壊過程が描かれている映画」（磯崎新、藤森照信、安藤忠雄、伊東豊雄『住宅の射程』）として、この『家族ゲーム』を捉える。磯崎は建築家らしく、この団地における部屋の使われ方からそれを記している。

映画の中で、受験を理由に団地の中の兄弟の部屋はカーテンで分断されていた。元々狭い日本の住宅における「シェア」の手法を団地でも応用しているのだが、これによりただでさえ狭い子ども部屋はさらに狭いものとなっている。また、団地の間取りの中には、夫婦が相談事などの会話を交わす場所はない。だから、夫婦は話し合いのためにわざわざ外にある車の中という外部の密室にまで出向かなくてはならない。

かつては、「戦後の新しい生活」を送る場所だった団地が、いつしか家族を閉じこめるきゅうくつな檻《おり》のようなものにも見えてくるようになった。それだけでなく、同じような年代、同じような所得水準の家族が集まり、単調な日常生活を送る場所としての団地という姿が、小説の『家族ゲーム』においても強調される。

住人たちの大半が朝とともにはき出され、夜とともにそれぞれの部屋に詰め込まれ、団地は再び日々膨らんだり萎んだりするコンクリートのポンプと化している。

戦後の激しい変化にさらされていた時代から安定の時代へと変遷し、高層の集合住宅は、いつしか人々を詰め込むだけの「コンクリートのポンプ」になりはてたのだ。生活の均質化、無機質な空間。これらは、当時の日本にあまねく行き渡った「郊外」の生活の特徴である。映画『家族ゲーム』で描かれた住宅とは、舞台こそ臨海の東雲だが、実際のところ描かれていたのは、均質化した郊外の光景なのだ。

日本の家族の郊外への転出を問題として捉えてきた三浦展は、その問題として四つのポイントを挙げている。（前掲『「家族」と「幸福」の戦後史』）

第一は、「郊外生活者の多くが、自分の生まれ育った地域から遠く離れて暮らす『故郷喪失者』である」という点。地域の伝統や歴史と切り離された彼らには「共同性が形成されにくい」という。第二は、「人が働く姿が見えない」という点。サラリーマンの増加で職住は切り離される。そして、第三は、「均質性」。まさにニュータウンの団地生活は「均質で無個性な郊外生活」の代表だ。

もう一つ、第四の問題として挙げられているのが「生活空間が機能主義的すぎる」という指摘である。団地には「寝食の分離」「個室化」という、戦前までの日本家屋が持っていた特徴を更新する「機能」が持たされていた。「食堂は食べるために、寝室は寝るために、リビングルームは家族団欒のために、個室は子供の勉強のために……。しかしそこに問題があったのではないか」。そう三浦は指摘するのだ。

『家族ゲーム』の舞台が埋立地でなくてはいけなかった理由

こうしてみると日本の各地に形成されつつあった郊外ニュータウンに住む家族の崩壊の一典型像として、この『家族ゲーム』を捉えることができる。この映画の舞台は、多摩ニュータウンでも西武池袋線沿線のひばりが丘団地でも構わなかっただろう。しかし、この作品の舞台が湾岸である意味も実は存在する。

映画のラストは、家族の行く末を匂わせる意味深なものだった。夕暮れ時、兄と弟は部屋で寝ている。母は団地の周辺をヘリコプターがうるさく飛び回っていることを気にしている。彼女自身もあくびをして寝てしまい、その背景にヘリコプターの飛ぶ音だけが聞こえ続ける。見平穏な映像にもかかわらず、低音で唸っているヘリの音が不安を煽ったまま映画は幕を閉じ、クレジットが流れる。

この謎を残す終わり方をどう解釈するかについては、映画の公開当時、さまざまな憶測を呼び、議論の対象となった。家族全員の死を暗示しているという説や、ヘリコプターの音が戦争＝平和な時代の終わりを暗示しているという説もあった。しかしこの作品が『しとやかな獣』を強く意識して作られていると捉えると、その意図が見えてくる。

『しとやかな獣』では、映画の中で何度も戦闘機の飛ぶ音が聞こえている。昼寝をする父親が映されるシーンでも、この不穏な音が鳴っている。『家族ゲーム』の〝ヘリコプターの音と母親の昼寝〟というラストは、『しとやかな獣』へのオマージュなのだ。

団地という場所を背景に核家族を描いたという意味においては、『しとやかな獣』も『家族ゲーム』も同じである。映画版『家族ゲーム』はその対比を、意識していたからこそ、東京の湾岸の団地という設定を選んだのだろう。

『しとやかな獣』が、団地が建つ晴海という舞台を人工的で殺伐な風景として描いたように、映画版『家族ゲーム』も東雲を殺伐とした場所として描いた。そして、同じように家族の行く末の〝不安〟を匂わせる終わらせ方を選択したのだ。

だが、その両家族が抱えていた問題は、質の違うものだった。『しとやかな獣』の家族が抱えていた問題は、戦争、貧困といった前近代の時代から人類が抱えていた〝大きな状況への不安〟の延長にあるものだが、『家族ゲーム』の家族が抱えていた問題は、もっとその先に生まれた、「進学」「夫婦仲」「いじめ」といったより現代的な不安になっている。この両者の〝不安〟の内容の違いは、戦後の家族を巡る状況の変化そのものと言えるだろう。

江戸から始まった東京湾の埋め立て

晴海を舞台にした『しとやかな獣』、東雲を舞台にした『家族ゲーム』。人工的な埋立地に建てられた高層住宅を舞台にした映画を取り上げてきたが、ここで一度東京湾岸に多くの埋立地が存在することの理由について触れておこう。

東京湾岸に古くから埋立地が多く作られたのは、土地不足の解消という目的によるものではなかった。隅田川河口の埋立地がつくられたのは、江戸時代中期のこと。

これらは目的を持って埋め立てられたわけではなかった。ゴミ処理という生活上の必要が生じたため、河口の中洲が埋め立てられていったにすぎない。

市中のゴミを利用した埋め立てが幕府によって許可されたのが一六九六年、五代将軍徳川綱吉の時代のことだ。最初に埋め立てられた場所は、隅田川に架かる永代橋の東岸である。現在の永代橋は、中央区新川一丁目と江東区永代一丁目を結んでいるが、当時の永代橋の位置は、現在のそれよりも少し上流、中央区日本橋箱崎と江東区佐賀の辺りを結ぶ首都高速九号深川線の辺りに架かっていた。この辺りの江東区にあたる隅田川の東岸が、当時、ゴミの埋め立てでできた島の最初だった。

幕府のお達しにより、ゴミを勝手に放棄することが許されなくなると、「町の経費」としてゴミ処理の負担金が徴収されるようになる。するとそれを専門に請け負い、商売とする委託業者が現れるようになった。

ゴミ処理が業者によるビジネスとなることで埋め立てのスピードは速まり、場所も拡大していった。これによって生まれたのが、石川島、越中島といった隅田川河口の埋立地＝洲である。

さらには、水深が浅い東京湾に大型船が入港できないという問題があって、水深を深くするための浚渫《しゅんせつ》作業から島が生まれるというケースも生じていた。横浜港に負けない近代的な港湾を建設して、経済の発展を促そうという「東京築港案」が公にされたのは、一八八〇（明治一三）年のこと。晴海などの明治期に埋め立てられた島は、この東京湾浚渫工事の折りに生まれている。

また、有明、東雲、豊洲などは、これらよりもあとになって、大正期の関東大震災の瓦礫処理で埋め立てられた地域だ。

戦前の東京五輪開催プラン

このように、江戸中期から長い年月をかけて、東京湾岸の埋立地は誕生している。

これらの埋立地をいかに有効利用するかという課題は、江戸時代から続く、江戸・東京の行政上の懸案事項となっていた。一九四〇（昭和一五）年に開催される予定だった東京五輪、万国博覧会の計画も、こうした埋立地の活用案として持ち上がったものでもあった。

東京が初めて五輪の開催地として決まったのは一九三六（昭和一一）年。ベルリン五輪の開会式前日にヘルシンキとの決選投票が行われ、東京が次回一九四〇年の五輪開催地として当選を果たした。万国博覧会の開催も、相次ぐように決定した。一九四〇年は皇紀二六〇〇年にあたり、記念行事としても位置付けられていたのである。

この五輪の当初の計画、一九三五（昭和一〇）年二月、IOCオスロ総会で当時の東京市が提出した「オリンピック綜合競技場試案」では、五輪主会場は七号埋立地（現在の辰巳一・二丁目）、及び十二号埋立地（辰巳三丁目）となっていた。後日、この東京市の辰巳開催案は、のちに設立された五輪招致委員会が主張した明治神宮外苑を主会場とする案に退けられる。

一方、同時開催が予定されていた万国博覧会の会場としても、隅田川河口の埋立地の利用が計画されていた。具体的には、東京市、横浜市の二会場での開催とされ、メイン会場は東京の臨海地域である。埋め立ての状況は今と同じではないが、現在の月島、晴海、豊洲、お台場といったあたり（当時で約一〇〇万坪）が中心となるその案は、晴海が主会場となるプランで推し進められていた二〇一六（平成二八）年の東京五輪誘致の際の計画とよく似たものだったといえる。

最終的に、この一九四〇年に予定されていた東京五輪と日本万国博覧会の開催計画は、一九三八（昭和一三）年七月に前者は開催返上、後者は開催延期という閣議決定により消滅する。日中戦争の影響による資源不足がその理由である。

当時、それらイベントの他に臨海地域の活用法として挙がっていたのは、娯楽施設や文化・スポーツ施設、さらには当時の東京市庁舎の移転などの計画だった。だが、日中戦争が始まったことで、臨海地域の利用法は必然的にそれにともなう富国強兵という国策に沿ったものへと

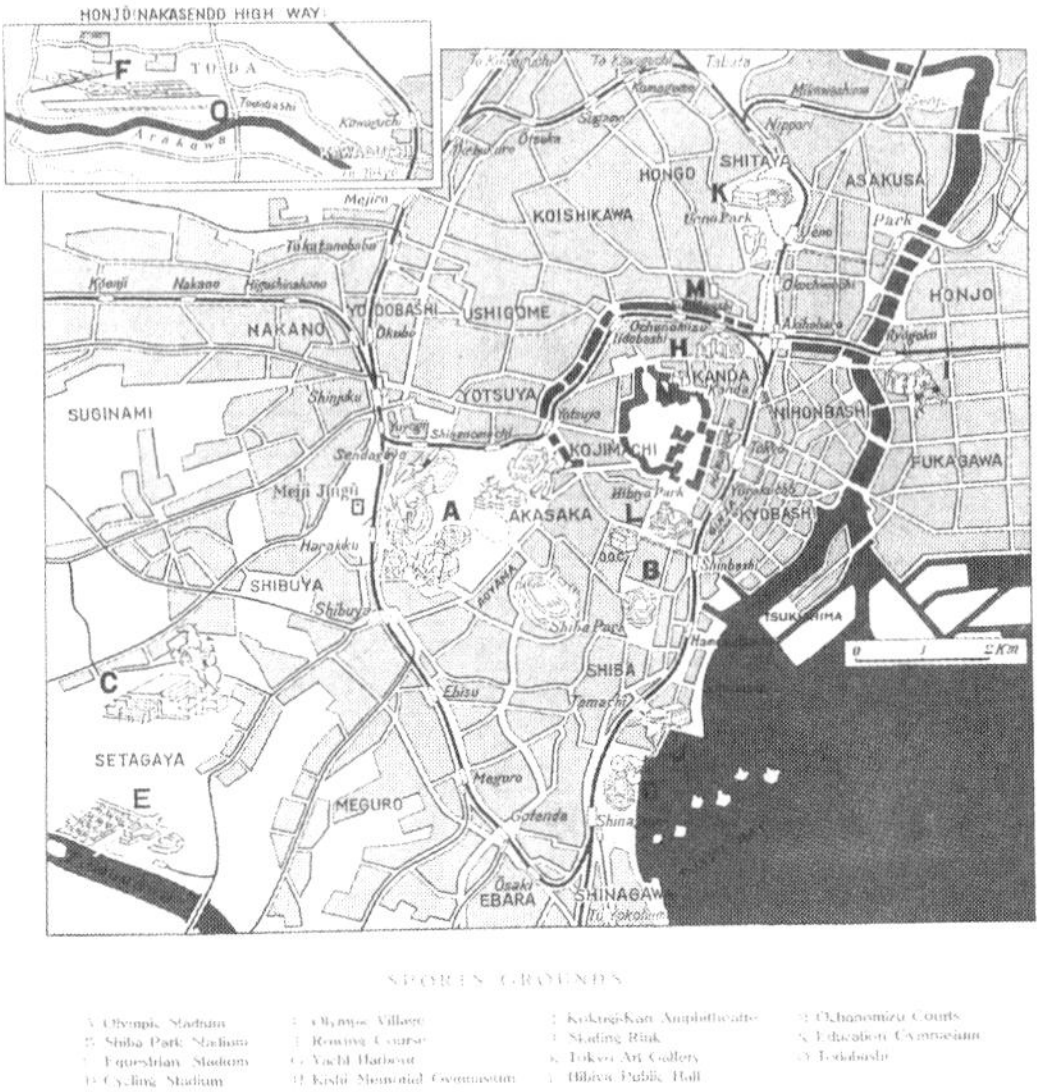

1940年の東京五輪を紹介するために制作された英文冊子

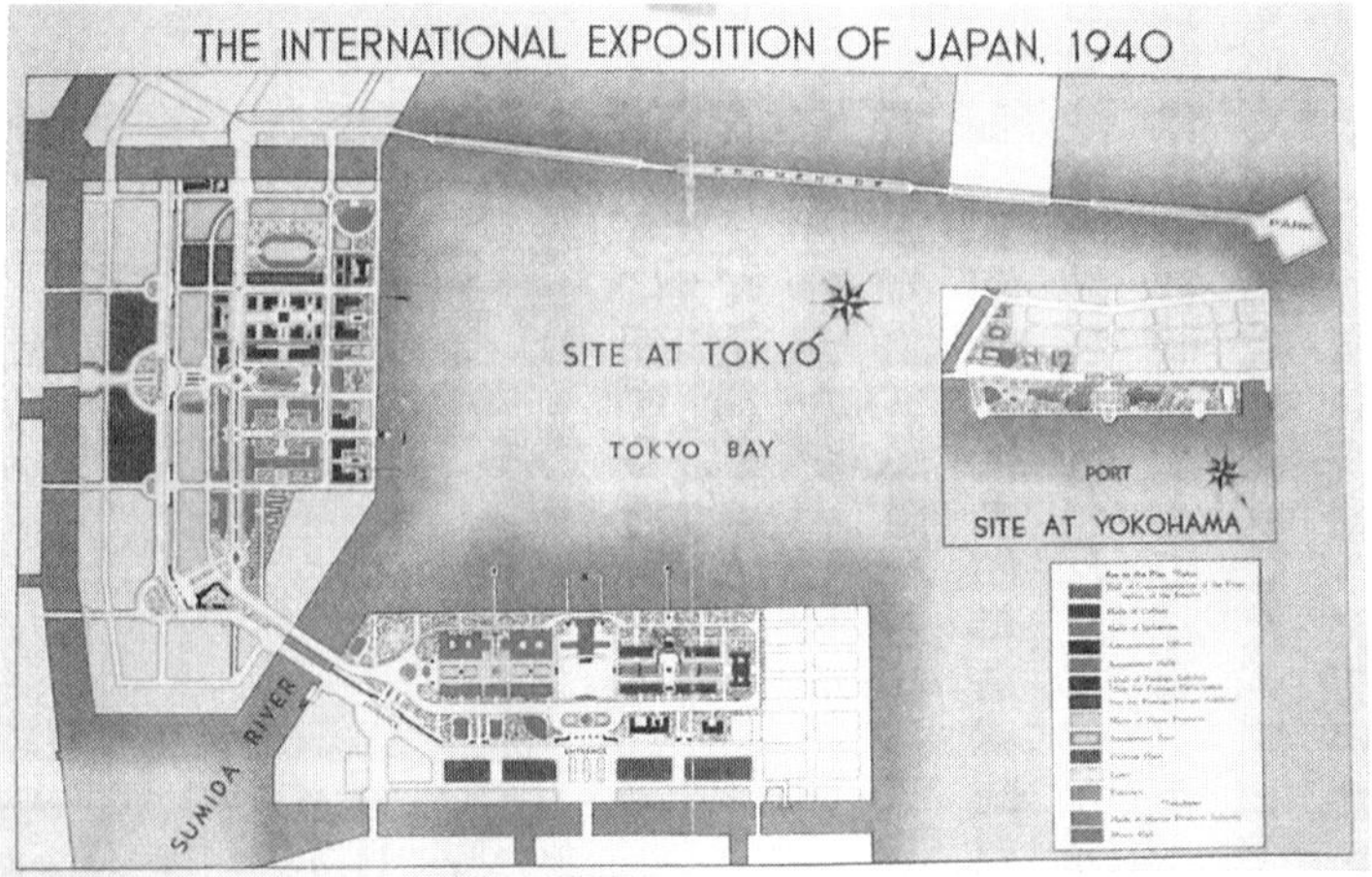

万国博覧会会場「外国向けリーフレット」
（上下ともに竹内正浩『地図で読み解く東京五輪』より）

傾いていった。

造船のための工場として、豊洲に石川島造船所（現・ＩＨＩ）が移転。豊洲周辺では、これを機に鉄工所が次々と操業を開始した。懸案だった東京港は、一九四一（昭和一六）年、日中戦争の最中に開港している。戦時下の臨海地域は、東京港の工業地帯として発展していく。

月島の周辺は、大正期からすでに鉄工所が立ち並ぶ工業地帯として発展を始めていたが、東京港の開港はそれに拍車をかけた。他に、勝どき、佃島、新佃島なども、戦前から戦後にかけて、工業地帯としての発展がめざましい地域であった。

『男女7人夏物語』とウォーターフロント

夜空に花火が上がり、「男女7人夏物語」というカラフルに彩られたタイトルが画面に映し出される。一九八六（昭和六一）年夏に放送された『男女7人夏物語』（以下『男女7人〜』）のオープニングタイトルだ。このタイトル映像のカメラは、東京湾から隅田川を上っていく船の目線となって、清洲橋、首都高速両国ジャンクションをくぐり抜けていく。次のカットは、箱崎ジャンクション。そして、銀座四丁目交差点付近、当時開店して二年に満たない有楽町マリオン（有楽町センタービル）も映る。一九八〇年代半ばの東京の懐かしい姿だ。

ドラマはこんな場面で始まる。

良介（明石家さんま）が朝起きると、隣には知らない女（大竹しのぶ）が寝ている。どうも前の晩に二人はカフェバーで出会い、そのまま飲んだ酒の勢いで彼のマンションへなだれ込んだらしい。マンションのベランダから外を見ると、川が流れていて大きな橋がかかっている。この橋は、オープニング映像でも映っていた清洲橋である。「カフェバー」「リバーサイド」「行きずりの女」、そして「独身者向けマンション」。絵に描いたような都会を舞台にしたラブストーリーのアイテムが登場する。部屋に置かれたクッションには、当時人気のあったブランド「ｒｅｎｏｍａ」のロゴが書かれている。

ここで登場する「独身者向けマンション」については、説明が必要だろう。この時代以前にも、単身世帯のための住宅が存在した。それは下宿であったり木賃アパートに代表されるようなものだ。また、公団が建てた初期の団地には、一間の独身棟も存在した。ただし、どれもいずれ世帯を構え、出て行くことを前提とした「仮住まい」である。

『男女7人～』に登場する高層住宅は、核家族とその住居としてのものではなく「独身者向けマンション」である。ワンルームタイプなどを含む、独身者向けのマンションとは、下宿や団地の独身棟のような「仮住まい」の場所ではなく、単身世帯が住むための、より本格的な住宅であり、主には一九七〇年代以降に増えるタイプのものと考えることができる。

『男女7人～』の登場人物たちは、三〇代及び二〇代後半の仕事を持った独身者たちである。この少し前の時代に大ヒットしたドラマ『金曜日の妻たちへⅢ　恋におちて』は、東急田園都

清洲橋周辺マップ

清洲橋

市線沿線の郊外ニュータウンという東急グループが開発した所得水準の高い世帯向けの郊外住宅を舞台にした、中年世代の不倫群像劇だった。

『金曜日の妻たちへ』も『男女7人〜』も脚本は同じ鎌田敏夫である。鎌田は、郊外に住む中年世代の恋から都心に住む独身世代の恋愛へと物語のテーマをシフトさせたことになる。

ヒッピーからヤッピーへ

鎌田敏夫は、一九七〇年代には、会社に就職することに疑問を持ち、ドロップアウトする若者たちを描いたドラマ『俺たちの旅』をヒットさせていた。

中村雅俊演じる主人公・津村浩介（カースケ）は、ろくな就職活動もせず、大学卒業後もアルバイトをしながら気ままに生きている。当時はそんな言葉はなかったが、いわゆるフリーターだ。カースケは一度、会社員を経験するが、毎朝社則を大声で読み上げさせられることに嫌気がさして辞めてしまう。彼が嫌うのは、個人が尊重されずに組織の歯車にされてしまう企業社会である。その鎌田がその後の八〇年代を舞台に描いた『男女7人〜』は、一転して都会で会社勤めをする三〇歳前後の男女の物語だった。

『俺たちの旅』から『男女7人〜』へという変遷は、そのまま「ヒッピーからヤッピーへ」として捉えるとしっくりくるだろう。

六〇年代末の学生運動、フラワームーブメント（ヒッピー文化の流行）とは、戦後生まれの団塊の世代がその親世代の作った社会、価値観、生き方などに「ノー」を突きつけるという類いのものだった。『俺たちの旅』が放送された一九七五（昭和五〇）年は、その学生運動の熱が去ろうとしていた時代である。

かつては反体制デモに参加した学生たちも企業社会に回収され、まるで何事もなかったかのように就職していく中、カースケと仲間たちはその空気に逆らって生きようとする。つまり、彼らは少し遅れてきて、闘いを続行する「ヒッピー」だった。

一方、「ヤッピー」は、〝ヤング、アーバン、プロフェッショナル〟という三つの単語からできた造語で、主に八〇年代前半にアメリカでよく使われた。ここでの〝ヤング〟の定義は、「自称二五歳から四五歳」（M・ビーズマン、M・ハートリー『ヤッピー・ハンドブック――シティ派プロのライフスタイル講座』）を指している。

「ヤッピー」は、もちろん「ヒッピー」に対抗して作られた言葉である。都市に住み、若くして専門職に就いて高給を得るアッパーミドル層という、新しい階級の台頭を指し示す言葉だった。なぜヤッピーは生まれたのか。

一九五〇〜六〇年代を代表するアメリカの都市労働者層の代表は、自動車などの製造業に従事するものたちだった。それが製造業の空洞化が始まり、都市の基幹産業は金融やサービス業、情報産業などにシフトする。こうした新たな都市産業においては、従事者は高度な専門性が求められるようになった。それを満たす新しい世代が、つまりはヤッピーである。

こうしたヤッピーの台頭は、アメリカでも八〇年代の青春映画などに描かれている。ヤッピー映画の代表作に『セント・エルモス・ファイアー』（一九八五年）がある。この物語の主要な登場人物は七人の男女。彼らはワシントンの名門大学の卒業生で、卒業後数年経って再び会うようになる。皆それぞれに仕事を持ち、弁護士、ジャーナリスト、建築家、政治家などの卵としてキャリアを築こうとしている。

男女七人の高学歴の若者を主人公にしたこの映画が、ドラマの『男女7人〜』の元ネタの一つである。脚本の鎌田はここに日本における若者の仕事観の変化をうまく肉付けし、物語にオリジナリティーを加えている。

バブル景気とトレンディドラマ

『男女7人〜』では、主人公の良介がサラリーマンとして働くなかで、仕事への誇りや向上心、自分らしさを発揮していく様が描かれている。これは、「自分を捨てて歯車になること＝就職」と捉えていた『俺たちの旅』のカースケが持っていた職業観とはまったく違うものだ。

主人公の良介は、三〇代前半のツアーコンダクターだ。ドラマのなかでは、自宅で添乗先の下調べをしたり、同僚と電話で情報交換を行うなど、熱心に仕事をしているシーンが描かれている。また、トラブルを英語で処理する能力も持ち合わせており、自らの職業にプライドを強く持っている。

憧れの存在である池上季実子演ずる千明のちょっとした言葉に、良介は反論する。千明は、口のうまい良介を「うまいこと言ってさすがツアコン」と茶化す。それを受けた良介は、思わずこう返してしまう。

「うまいこと言ってないすよ。うまいこと言って務まる商売じゃないすから。ツアコンってねえ、人間好きにならないとつまらないです。なかなかおもしろいすよ。人間っていいもんですよ」

単に受け流せばいい相手のジョークに本音で返してしまったシーンである。たとえジョークといえども、自分の職業に対する誤解や偏見は許せない。ノリが軽い男に見えても、職業に関しては生真面目な良介のキャラクターが表れている。

一方、大竹しのぶ演じるヒロインの桃子は、ノンフィクション・ライターを目指すフリーライターである。複数の雑誌の仕事をこなして生活の土台を固めながら、その先に自分の夢を見据えている。

脇を固めるメンバーたちの職業も見てみよう（役名は割愛）。池上季実子は為替ディーラー、奥田瑛二は商社マン、片岡鶴太郎は結婚式場勤務、賀来千香子は照明デザイナーの見習い、小川みどりは西武球場でウグイス嬢をしている。皆が金融関連、サービス産業といった新しい都市産業の従事者たちである。

この登場人物たちの基盤は、家族ではなくあくまでも職業である。おそらくこのドラマがヒットしたのは、その構図が八〇年代後半という時代にマッチしたからだ。

良介の生活、及びこのドラマの登場人物たちのライフスタイルは、一見バブルの時代を思わせるが、正確には一九八六（昭和六一）年は、バブル経済突入前夜にあたる。

この前年のプラザ合意をきっかけに日本は急速な円高の状況を受け入れていく。翌八六年は、それを受けた円高不況と呼ばれた年である。この不況を脱する意図での日銀の金利引き下げがのちのバブルを呼び込んだといわれている。金利の引き下げによって市場のマネーは、不動産や株への投機に回されることになり、それらの過剰な高騰の呼び水となったのだ。

一般にバブル景気とは、一九八六年一二月から一九九一（平成三）年二月までの五一カ月間を指す。まさに、『男女7人〜』の最終回が放送された二カ月後からバブルは始まったのだ。

だが現代から振り返ってみると、この頃からすでにバブル時代の文化は始まっていたように見える。「トレンディドラマ」という言葉が生まれるのは、このあとに続くW浅野（浅野温子・浅野ゆう子）や陣内孝則、三上博史らが活躍したフジテレビの一連のドラマの登場以降なのだが、その萌芽は間違いなく、このTBS系の『男女7人〜』だった。

これら「トレンディドラマ」は、現代からの目線では、単に好景気時代の行きすぎた消費社会を謳歌するものにしか映らないかもしれないが、その一方で女性が社会進出し（一九八六年は男女雇用機会均等法施行の年でもある）、若者たちが都市産業の専門職に就業し、それなりの給与を得ることができるようになったという背景もあるのだ。

隅田川沿いをニューヨークに見立てた恋愛ドラマ

『男女7人〜』の主な舞台は、隅田川にかかる清洲橋周辺である。これまで語ってきた舞台である湾岸の埋立地は、隅田川河口の辺りだったが、ここで舞台になる清洲橋は、河口から二キロくらい上流に遡った場所である。舞台は、湾岸ではなく河岸、または〝リバーサイド〟ということになる。

良介の住むマンションは、清洲橋の西側、住所で言えば中央区日本橋中州に位置し、橋の向かい側に住む桃子のアパートは、江東区清澄一丁目。二人は清洲橋を挟んで向かいあわせの土地に住んでいるのだ。

おそらくこの舞台設定は、隅田川をニューヨークのイースト・リバーに見立てたものであろう。マンハッタン島とブルックリン区を結ぶブルックリン橋、マンハッタン橋、もしくはウディ・アレンの『マンハッタン』（一九七九年）で印象的に描かれたマンハッタン島とクイーンズ区を結ぶクイーンズボロ橋など、ニューヨークを舞台とした映画には橋を効果的に使っているものが多い。

『サタデー・ナイト・フィーバー』(一九七七年)にも、最後にブルックリン橋を渡るシーンが出てくる。この場面は、貧しいブルックリンの若者がダンスで自信を得て、ミュージカルの中心地であるマンハッタンのブロードウェイへ向かうことを暗示しており、橋が階層を分けるアイテムとして使われている。つまり、橋を渡ることで主人公の階層上昇を描いているのだ。

すでに触れたが、フリーライターの桃子の目標は「ノンフィクション・ライター」になることである。生活費を稼ぎながら、ノンフィクションのコンテストに応募するなど、仕事上のステップアップのチャンスを狙っている。まだ志半ばの彼女が住むアパートの部屋は、良介のマンションほど高級なものではない。

良介の住む部屋は洋風のマンションで、ベッドルームとリビングの間はブラインドで区切られており、「renoma」などのブランド品で溢れている。一方桃子の部屋は、畳とふすまのある一間なのだ。こうした生活レベルの違いは、川で隔てられた中央区と江東区という住む場所のステイタスの違いを表したものでもある。

ウォーターフロントの再発見

『男女7人〜』の舞台として清洲橋とその両岸が選ばれた理由は、当時の東京の変化を示すキーワード「ウォーターフロント」とも無縁ではない。

清洲橋周辺から、隅田川を北上し、東日本橋、両国、浅草といった辺りまでの隅田川河畔を遊歩道に変えるための大規模整備工事が始まったのは、『男女7人〜』が放送される前年の一九八五年のことだ。

第四話では、良介と桃子が桜橋で偶然出会う（いかにも近所といった描き方ではあったが、実際には清洲橋から桜橋までは、約四〜五キロ離れている）くだりがある。ここで二人は隅田川を眺めながら、お互いの故郷に流れる川の思い出について語り合う。

この桜橋近辺は、河畔が遊歩道として整備された地域で、桜橋の完成も河畔整備工事が始まったのと同じ一九八五年のこと。水辺での生活がドラマに何気なく描かれたこのシーンだが、実は最新型の東京のライフスタイルでもあったのだ。

隅田川河畔の大規模整備を皮切りに、東京のウォーターフロント地域は急速に姿を変えていく。「ウォーターフロント」とは、水辺を新たに都市の機能として見直す都市計画のことで、当時の世界的な潮流でもあった。コンテナ流通の拡大などによって、コンビナートや倉庫街などの港湾施設の機能が、港付近から郊外へと移転し、臨海地域を商業空間に置き換えていったのだ。

この当時は、バブル経済に円高といった経済状況のなかで、日本人の消費傾向が大きく変化

清洲橋越しに見る大川端リバーシティ21

していった時代である。若い世代でも当たり前に海外に旅行に出かけられる時代は、この辺りから始まっている。それと同時に高級ブランドの現地ショップに日本人観光客が殺到するようになった。良介の職業が海外旅行のツアーコンダクターであったことは、こうした社会状況の反映でもあったのだろう。

良介のマンションがある清洲橋周辺は〝トレンディードラマ〟の舞台となったとは言え、当時、そんなにトレンディーな街だったわけではなかったはずだ。今は、近くにタワーマンションが建つなど、当時に比べると人気のある地域になっている。ただし、この辺りの光景は、ドラマが放映された三〇年前とほとんど変わらない。

ドラマで何度も映った倉庫も良介が住むマンションも健在（二〇一六年現在）だ。ただし、つぶさに観ていくと、遠景の景色はそれなりの変化が生じていることもわかる。

一番大きな変化は、この辺りから隅田川河口を眺めた際の風景である。清洲橋から一キロほど河口へ下った佃島には、ウォーターフロント再開発事業ブームの一環として計画されたタワーマンション群「大川端リバーシティ21」が建っている。

佃島は、これまで取り上げてきた隅田川河口の州の一つで、勝どきとも地続きの場所だ。この佃島でタワーマンション群の工事が始まったのは、『男女7人〜』が放送されていた一九八六年のことだった。

東京イーストサイド——パズルのような街

宮部みゆきのベストセラー推理小説『理由』は、一九九八（平成一〇）年に直木賞を受賞した、彼女の代表作である。

この小説の舞台は、荒川区の千住、隅田川と荒川の両方が近くに流れる川沿いに建つタワーマンションである。『男女7人〜』と同じ隅田川沿いのリバーサイド。とはいえ、清洲橋からは五キロ以上はるか上流ではある。

タワーマンションの一室で一家三人の死体が、そしてまた、戸外にその部屋から飛び降りたと見られる若い男の死体が発見される。だが警察が調べた結果、彼らは「一家」ではなかったことがわかる。彼らは、肉親としての血縁関係どころか、人生においてまったく接点すら見出せない間柄のものたち。ではなぜ、この四人がその部屋（一人は屋外）で死んでいたのか？それが本作におけるミステリーである。

ミステリ小説的な犯人探しの要素もあるが、むしろ本作の本筋はそこにはない。犯人の人物像以上に綿密に、事件の現場であるタワーマンションの特徴が描写されていく。

例えば建物の戸数や地下駐車場などの設備、建設に至る経緯、その際の地元住民との摩擦、そして、管理組合の自治の模様などが細かく説明されるのである。このマンション自体が登場人物よりも重要な鍵を握る存在なのだ。

まずは、このマンション自体の設定について確認しておこう。「ヴァンダール千住北ニューシティ」は、「大手都市銀行とその系列不動産会社、ゼネコン、地域密着型の中規模建設会社が手を結ぶという形の共同事業」から誕生した、大型再開発物件である。その東西二棟の地上二五階建てのタワーマンションには、それぞれ三〇〇世帯が入居可能で、これに管理棟を含めると、総戸数は七八五戸にのぼる。敷地内には、緑地や公園も整備されている。マンションとはいっても、一つの街と言っていい規模である。

このマンションの販売期間は一九八八（昭和六三）年から八九年にかけてであり、入居開始は一九九〇（平成二）年。つまりバブルの頂点で販売され、バブル崩壊の直前に入居が始まっている。そのため、永住型分譲マンションにもかかわらず、入居開始から六年で総入居戸数の三五パーセントの世帯が入れ替わっている。資産の目減り、賃金カットなどにより、バブル以前に計画したローンの返済予定が崩れ、購入したばかりのマンションを手放さざるを得なかった住民が多かったのだ。小説の中での設定とは言え、これと似通ったことは、現実の世界でもあちこちで起こっていたであろうことは想像に難くない。

比較される二つの家族像

本作は、作中に登場するライターが書いたルポルタージュという形で物語が記述される。それも、事件そのもののルポルタージュではなく、この一家殺人事件に関係した人物のそれぞれの家庭事情を描いていく家族ルポのようなものである。

事件のあったタワーマンションの部屋に元々住んでいた小糸信治の家族は、妻の静子、中学生の孝弘の三人暮らし。家長の信治はサラリーマンとしてはそこそこ高給取りだが、子育てには無頓着で、妻に任せきりだ。妻の静子は見栄っぱりで、「テレビのニュースキャスターみたい」な出で立ちでパートの仕事に出かけ、息子が一歳半のときから著名人の子女たちが通うようなベビースクールに入学させるなど、「分不相応の贅沢」を好む。そしてそれを咎《とが》める夫の姉とは常に意見がぶつかり、ついには疎遠になっている。

『家族ゲーム』の沼田家と『理由』の小糸家。どちらも中学生の子どもを持つ標準的家庭であり、重なる部分は多い。だが、沼田家は身の丈に合った団地暮らし。一方、小糸家は、身の丈を超えた額のローンを組んで、タワーマンションに住んでいる。

小糸家は、バブル崩壊後に価格の下がった「ヴァンダール千住北ニューシティ」の部屋を中古で購入して入居していた。しかし、資金繰りに失敗した末のカードローン破産などで住宅ローンの返済が滞り、部屋は裁判所に差し押さえられてしまう。これが事件の発端である。部屋の権利は、競売を通して第三者の手に渡ることになる。

一方、この小糸家と対照的に描かれるのが片倉家である。

片倉の一家が総出で切り盛りする簡易旅館「片倉ハウス」は、江東区のかつての簡易宿泊所街、つまり肉体労働に従事する労務者たちが利用する〝ドヤ〟（宿を逆さに読んだ俗称）が建ち並ぶ一角にある。

片倉家は、先代の妻である六八歳のたえ子を筆頭に、片倉ハウスを継いだ息子の義文とその妻の幸恵、その子どもで中学生の信子と小学生の春樹の五人家族。三世帯同居家族である。彼らは、片倉ハウスに隣接した土地の一軒家で暮らしている。サラリーマン世帯とは違う、職住近接の生活である。また、経理は妻の幸恵が担当し、家事はときおり娘が手伝うといったように、家族総出で家業が賄われている。

文芸評論家の川本三郎は『ミステリと東京』の中で、江東区のドヤ街についてこう触れている。

昭和三十年代まで『高橋のドヤ街』と呼ばれていた江東区の森下町から猿江町あたりの簡易宿泊所街について語る人はそういない。東京のなかでも、表通りからひっそりと身を隠したような周縁の一画である。

高度経済成長の時代に栄えたドヤ街は、時代の流れに乗り遅れた場所となり、周囲からは隔離された存在になっていく。一九九〇年代中頃には、かつてのようにドヤを利用する労務者の数も減っている。小説の中の片倉ハウスの両隣にあった簡易旅館もすでに営業していない。下町の三世代同居家族である片倉家の内部にもトラブルはある。いわゆる、嫁姑問題だ。古い価値観を振りかざす頑固な姑、たえ子の態度に付き合いきれなくなった嫁が家出をすることもたびたびだ。表札の名前の順番を巡るけんかも、近所中に知られるところである。一方、家族の距離は緊密でもある。たえ子が部屋で倒れたときにも、孫の信子がすぐに異変に気づき、救急車を呼んで事なきを得るということもあった。「町内会や『ご近所』のコミュニティのつながりが、良くも悪くも緊密な土地柄」なのだ。

怪異として描かれる都市の変化

この片倉家と、タワーマンションの住人であった小糸家という対照的な家族とが比較されながら物語は進行していく。

下町の共同体というものが、隣近所の関係性が濃密で、「良くも悪くも緊密な土地柄」なのに比べ、もう一方のタワーマンションは小説内でこう説明される。

超高層マンションの居住空間としての適切性には、不安な部分を指摘する向きが多い。通常の高さのマンションに比べてエレベーター内での犯罪の発生率が高くなる傾向のあることや、高所に暮らすことによる居住者の心理的負担、上り下りが億劫なのでどうしても閉じこもりがちになり、居住者同士にコミュニティとしての一体感・連帯感が生まれにくく、隣家で事件が起こっていても気づかない、気づいていても何の手も打たないなどの無関心さを生み出すこと——。

宮部作品には、下町で地道に働く良心的な人々が登場することが多い。こうした傾向は、宮部みゆき本人が下町で生まれ育ったことに起因しているのかもしれない。

宮部は最初期作品の一つである『東京（ウォーター・フロント）殺人暮色』（一九九〇年、光文社刊。その後、『東京下町殺人暮色』として同社より文庫化されている）を刊行した折に、こんな言葉を寄せている。

私の生まれ育った東京の下町は、今、大きな変化の波にもまれています。古くからある家並みや小ぢんまりした商店街、一日中機械の音を立てている町工場などと、近代的なマンションや大型スーパー、ファミリーレストランなどが混じりあい、新しくて古く、進歩的で保守的な、パズルのような街をつくりあげようとしています。

江東区深川生まれの宮部にとって、開発による下町の変化、そしてそれに伴う共同体や人々のコミュニケーションの変化は、作品を生み出す上での物語作りのヒントになる重要な観察ポイントなのだろう。

『東京下町殺人暮色』では、江東区の下町で連続バラバラ殺人事件が発生する。主人公は、この地域に引越してきた中学生の少年である。彼は、当時はまだ建築中だった佃島の大川端リバーシティ21のタワーマンション群を見て監視塔を連想し、「いつかは本当に監視塔みたいなものをつくって、犯罪を防がなきゃならない時代がくるかもしれないな」と考えるのだ。

この「大川端リバーシティ21のタワーマンション群」のある場所とは、『男女7人夏物語』

の良介の「独身向けマンション」の部屋のベランダから見えている佃島のことである。

荒川、隅田川沿いの下町界隈が「ウォーターフロント」という名の開発によって書き換えられていく。そして、平和で安全な下町が、そうでなくなりつつある。そんな危機意識が『東京下町殺人暮色』では描かれていた。

文芸評論家の縄田一男は、本作の解説において、「宮部みゆき作品は現代に喪われつつある、共同体の中での関係性の復活への希求を、別のかたちで、すなわち、怪異を通して描いている」と評した。変わりゆく街並みの中で、人々の心も変わるということが、この作品では殺人という「怪異」を通して描かれるのだ。

『理由』が書かれるのは、この『東京下町殺人暮色』の刊行から六年後のこと。その間にバブル経済は崩壊して、「ウォーターフロント」という言葉も古くさいものとなった。宮部は『理由』を、バブルが崩壊し、ぽつんと取り残されたタワーマンションで起きた「怪異」として描いているのだ。

『理由』の舞台のモデルになった再開発地区

『理由』に登場する「ヴァンダール千住北ニューシティ」は、架空の存在ではあるが、そのモデルには容易にたどり着くことができる。

規模、立地、施工時期などからみて、同じ荒川区南千住の大規模再開発プロジェクト「アクロシティ」が、本小説の舞台のモデルであろう。

アクロシティのホームページには、このような説明がある。

アクロシティは『都市で快適に暮らすこと』をテーマにした総戸数六六二戸のビッグプロジェクトです。隅田川サイドの約四万一〇〇〇㎡の広大な敷地に、超高層棟・高層棟・低層棟が立ち並ぶドラマチックな風景を展開しているのが荒川区のランドマーク的マンションのアクロシティです。

（ウェブサイト「アクロシティ――長谷工こだわりのすまい『マンションライブラリ』」）

架空の存在である「ヴァンダール千住北ニューシティ」は、二棟のタワーマンションと、その間に管理棟があるという設定だが、現実のアクロシティは中央に最高層のタワーマンションがあり、その周囲に高層・低層のマンション群が並んでいる。中核の最高層棟は三二階建て。タワーマンションと呼ぶにはやや背が低いという印象を受けるが、一三階建ての高層マンション群五棟と低層棟、敷地内には中庭や商業施設があるなど、むしろ敷地全体の広大さには目を奪われる。

このアクロシティの竣工は、一九九〇（平成二）年三月～一九九二年一〇月（棟によって異

アクロシティ

なる）というから、バブル期に着工し、バブル崩壊直前に竣工した「ヴァンダール千住北ニューシティ」とは若干ずれがある。また、最寄り駅の設定も違い、ここは北千住よりも南千住の駅の方が近い。このアクロシティは、竣工からそう時間が経たないうちに、ある重大な事件の舞台となった。

一九九五（平成七）年三月三〇日午前八時三〇分頃。当時の警察庁長官の國松孝次は、出勤のために自宅を出たところ何者かによって四発の銃撃を受けた（うち三発を腹部などに受ける）。國松長官は一命を取り留めたが、この事件は、日本国民に大きなショックとともに受け止められた。

事件が起こったのはオウム真理教による地下鉄サリン事件の一〇日後のこと。国家の中枢を狙った大規模テロ、そして、国民の安全を守る警察トップの狙撃。これら二つの事件は、世界でも有数の安全な国という思い込みのもとに暮らす日本人のセキュリティー意識に大きな疑問を投げかけた。

この事件の現場、つまり國松元長官が住んでいたマンションが、本稿で取り上げた『理由』の舞台のモデルと考えられるアクロシティなのである。朝日新聞夕刊で宮部みゆきの『理由』の連載が始まったのは、この事件の一年半後であった。

「いつかは本当に監視塔みたいなものをつくって、犯罪を防がなきゃならない時代がくるかもしれないな」と考えた『東京下町殺人暮色』の主人公の少年の危惧は、この事件においては本当になった。この警察庁長官狙撃事件は、二〇一〇（平成二二）年三月三〇日午前〇時をもって公訴時効を迎え、未解決事件として処理されることが決定した。

お化け煙突の見える街

國松元長官の狙撃事件現場である荒川区南千住のマンション群は、製紙・パルプ工場が撤退した跡地に建てられた。隅田川沿いに位置するその土地では、明治期にボール紙を作る工場が操業を開始し、戦時中は海軍の兵器工場になったが、戦後は千住製紙のパルプ工場として復活した。しかし高度成長後の紙パルプ産業の衰退から、バブル経済前夜の一九八四（昭和五九）年に工場は閉鎖された。

関東大震災（一九二三年）後の都市計画の中で、工業地区として位置づけられた荒川区、足立区、墨田区といった地域は、荒川と隅田川の水運を活かし、戦前から比較的小さな町工場がたくさん建ち並ぶ街として発展してきた。こうした下町の工場地帯は、太平洋戦争時、東京大空襲で多くが焼失するという危機を迎えるが、戦後になると再び盛り返し、高度経済成長前期における牽引役となる軽工業の発展の中心を担うことになる。

戦前、戦後という時代のこの地域を象徴するランドマークである「お化け煙突」は、前述の南千住アクロシティから真北に一・五キロほどの位置、隅田川と荒川に挟まれた場所に建って

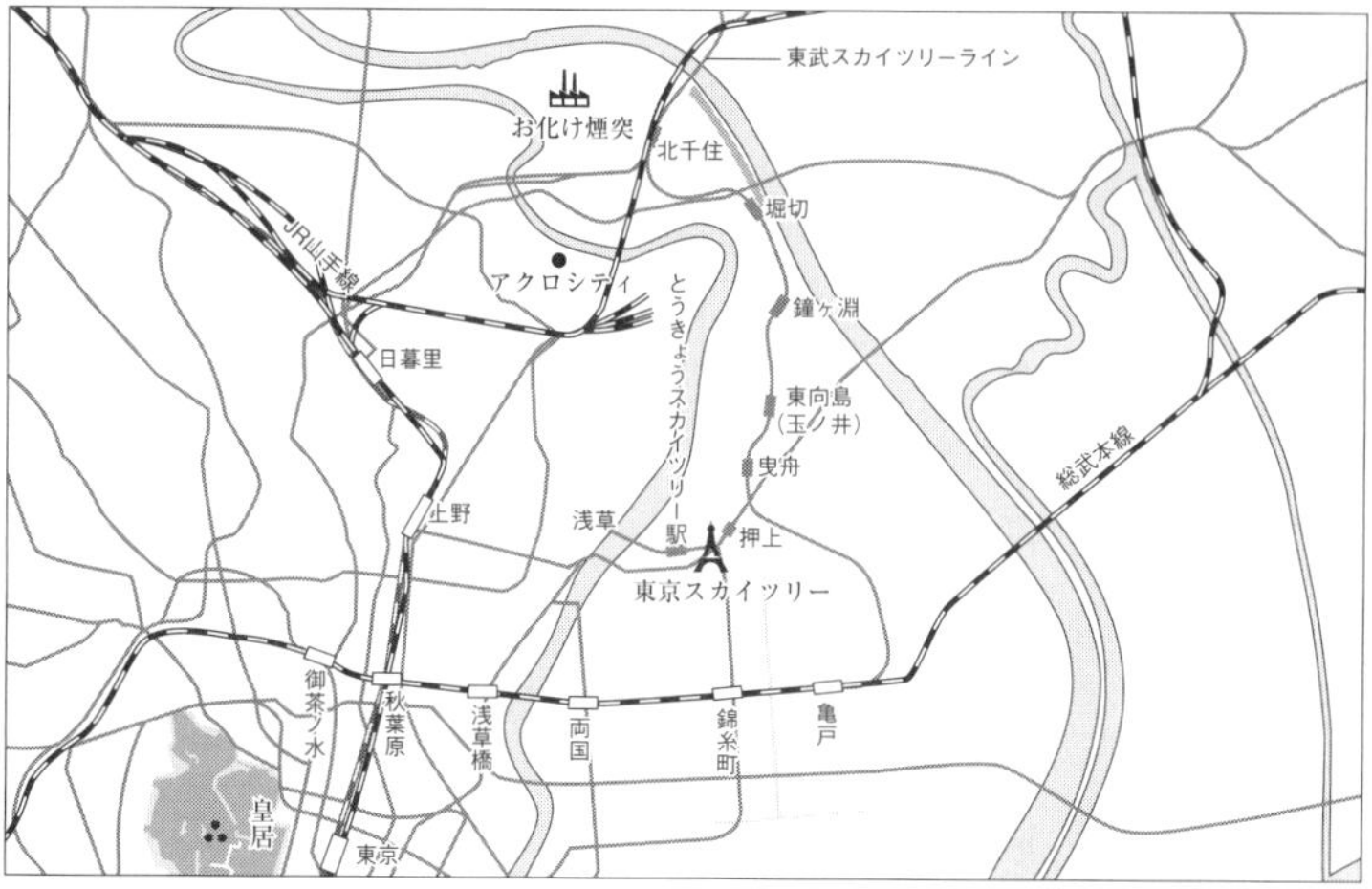

お化け煙突周辺マップ

お化け煙突（映画『東京物語』より）

いた（一九二六〜六四年）。

当時その場所にあったのは、千住火力発電所である。その四本の巨大な煙突（高さ約八三メートル）が、見る角度によって煙突の本数が変わって見えたことから「お化け」のあだ名がついた。このお化け煙突は、小津安二郎監督の代表作の一つである映画『東京物語』（一九五三年）にも登場する。

映画の冒頭、笠智衆《りゅうちしゅう》と東山千栄子が演じる老夫婦は、鉄道に乗って尾道から東京へ向かう。東京でそれぞれ開業医、美容院の経営者などとして一人前に暮らしている子どもたちのもとを訪ねる旅である。鉄道の車内などのシーンはないが、東京に到着したことを示す象徴的な絵として、お化け煙突のカットが挿入される。

現代のわれわれの目には、映画の冒頭付近で差し込まれた煙突のシーンが、環境破壊への警鐘という寓意を込められたものに映るかもしれない。だが『東京物語』が製作された当時、このカットにその意図はなかったはずだ。大空襲で焼けてしまった東京が、早くも復興の兆しを見せ、発展しようとしている光景を映しだそうとしていたのだろう。

建築批評家の五十嵐太郎は、この煙突のシーンに別の見方を示している。

一九〇三年に深川で生まれ、そこで二五年近く暮らし、松竹に勤め始めてから一九三六年までは蒲田撮影所に通った小津安二郎の経歴と生活圏を考えれば、日露戦争以後、近代の東京において工業化や郊外化が進行した地域とほぼ重なっており、当時、新しく建設された工場が原風景になったのは当然かもしれない。今なら工場萌えというのかもしれない。（『映画的建築／建築的映画』）

また五十嵐は、小津の工場好きを裏づけるかのように、小津作品にたくさんの工場や煙突を見出しており、前掲書に、「遠景で繰り返し登場する工場（『東京の宿』）、埋立地から眺める煙突（『一人息子』）、野原の向こうの煙突（『長屋紳士録』）、ガスタンク（『風の中の牝雞』）、江東の工場の煙突（『東京物語』）、岡山の工場と煙突群（『早春』）」と例を挙げている。

ちなみに小津と同様、宮部みゆきもまた東京・深川の生まれである。宮部の『東京（ウォーター・フロント）殺人暮色』の題名は、小津の『東京暮色』（一九五七年）からとっているのだろう。

東京の郊外化と荷風が見つけた荒川放水路

『東京物語』で上京した老夫婦が到着するのは、開業医の長男一家の住む葛飾区堀切である。本稿に登場する場所との位置関係を把握しておくと、東武伊勢崎線の堀切駅は、北千住の駅から一キロ程度の近所である。そして、「お化け煙突」は、この北千住駅と扇大橋駅のほぼ中間。

ちなみにこの堀切駅の隣にある鐘ヶ淵駅周辺は、かつてのカネボウのさらに前身である鐘淵紡績の工場があって（一八八七～一九六九年）、栄えた場所でもある。

東京に住む子どもたちを訪ねて老夫婦が上京してくる。長男は東京で開業医として成功しているはずだった。老夫婦は「もっとにぎやかなとこかと思うとった」と失望をあらわにする。堀切は都心からは外れた、東京の下町のさらに外れといった場所なのだ。

老夫婦が住む広島県倉敷を出て開業した息子は、東京で核家族をつくっている。家族のあり方が、戦前の大家族から近代核家族へと変化した。それを『東京物語』は、東京で忙しく働く息子たちが、老夫婦を邪険に扱うという物語の背景として描いているのだ。

建築家の磯崎新が『家族ゲーム』を「核家族という概念」の「その崩壊過程が描かれている映画」と指摘した話はすでに触れたが、その磯崎は、その前の段階として「『東京物語』は、かつての大家族が崩れていき、いわゆる核家族という小単位の家族に解体していく過程を描いている」（『住宅の射程』）とも指摘している。『東京物語』が一九五三（昭和二八）年公開、『家族ゲーム』が一九八三年公開なので、その間には三〇年の隔たりがある。

小津が『東京物語』をこの「お化け煙突」がある町、堀切で撮影した背景には、永井荷風の日記『断腸亭日乗』の影響があった。

『全日記 小津安二郎』には、小津が当時、全集として刊行された『断腸亭日乗』を読み、荷風が歩いた場所を散策していたことが記録されている。『東京物語』の撮影を控えた一九五三年の春のことだ。この散歩は、おそらくはロケハンを兼ねたものだったのだろう。『断腸亭日乗』によると、荷風が初めて堀切を訪ねたのは、一九三二（昭和七）年。

一月十八日。晴れて風寒し、午前執筆、午後中洲病院に往き薬を請ふ、乗合汽船にて吾妻橋に至り東武電車にて請地曳舟玉ノ井などいふ停車場を過ぎ堀切に下車す、（中略）電車停留場は荒川放水路の土手下に在り

この荒川放水路の土手下にある電車停留場が堀切駅である。その後、堀切橋に差し掛かった荷風は、この橋の竣成が半年前で、この辺りの交通が開けて間もないことに気づく。この近くを走る京成電鉄もまた、千葉県の成田と日暮里が結ばれたばかりだった。

一九三〇年代は、東京が急速に近代化していった時代である。

高級官僚の家に生まれ育った荷風は、若い時分に洋行経験があり、ニューヨークやパリなどの都市を間近に見ている。これら近代化と歴史・文化の継承の均整が巧くとれた街に比べ、西欧化の旗印の下で進む東京の風景の変化に対する荷風の見る目は厳しかった。

東京府下の新開町は中野目黒巣鴨辺また池上蒲田あたり、いづこも同じやうにて特殊の情景はなけれど、隅田川以東の地は紳士の邸宅らしきものなく見るもの皆貧し気にて物哀

れなれば、世を避けてかくれ住むには却《かへ》つてよかるべし

当時の東京が、郊外へと拡がっていた様がこの一文からわかる。新しく開かれていった町は、どれも荷風の目には同じような「貧し気」な光景に見えていたのだ。

のちに三浦展が「ファスト風土化」（『ファスト風土化する日本』）と指摘するような、無個性で代わり映えしない、現代の国道一六号線郊外と同じように、荷風も当時の東京郊外の風景を捉えているのである。

荷風がここに通うようになった理由については、彼の随筆「放水路」（『荷風随筆集』上巻所収）の中で触れられている。それは「市街河川の美観」を求めてではなく、「いかにも世の中から捨てられた成れの果《はて》だといふやうな心持になる」ためだという。ふたたび『断腸亭日乗』に戻ると、荷風は次のように記している。

見渡すかぎり枯蘆《かれあし》の茫々《ぼうぼう》と茂りたる間に白帆の一二片動きもやらず浮べるを見る。両岸とも人家の屋根は高き堤防に遮られて見えず。暮靄《ぼあい》蒼茫《そうぼう》たるが中に電車の電柱工場の烟突《えんとつ》の立てるのみ

この「電車の電柱工場の烟突」は、「お化け煙突」こと千住火力発電所である可能性が高い。

千住火力発電所は、大正時代最後の年、一九二六年に創業しているので、荷風が初めてこの地を訪れた時にはすでに存在していたのだ。

東京イーストサイドの変化を宮部、荷風はどう見たか

一面の蘆とその先に見える煙突の風景。近代化とそれ以前の光景が混ざり合った風景を、世捨て人のように生きていた荷風は「成れの果」と称して気に入っていた。

小津がこの地を『東京物語』の中で撮ったのはそれから二〇年後のことだが、その風景はあまり変わっていなかったのだろう。千住のお化け煙突は、一九五〇年代初頭にはまだこの地域のランドマークとしてそびえていた。

荷風は、初めて堀切の辺りを訪ねた四日後の一月二二日に、再びこの地を訪問し、堀切橋から土手沿いを歩いた。堤から降りたところで「昭和道玉の井近道」という立て札を見つけ、それをめざして歩く。

歩み行くこと半時間ばかり、大通を中にしてその左右の小路は悉《ことごと》く売笑婦の住める処なり

荷風が辿り着いた玉ノ井とは、大正末期に浅草から移転して来た、いわゆる私娼街である。

街は一区から五区までの区分に分かれていた。荷風は、立ち寄って女に話を聞き、一区は「意気向の女」、二区三区は「女優風のおとなし向」などといった娼婦たちの気質を記している。

小説『濹東綺譚』は、この玉ノ井を舞台にしたものである。主人公は荷風自身がモデルと思われる小説家であり、娼婦との恋を描いている。その地を最初に訪れた五年後の一九三七（昭和一二）年、『濹東綺譚』が東京朝日新聞に連載された。

玉ノ井は、現在の東向島。東武伊勢崎線の堀切駅、鐘ヶ淵駅、その隣である。東京スカイツリーはまさに目と鼻の先、約一キロの距離にある。

永井荷風は、近代化によって変わりゆく東京の街を苦々しく眺め、かつての江戸の街並みが消えていくのを惜しんだ。「暮靄蒼茫たるが中に電車の電柱工場の烟突の立てるのみ」という表現も、開発、産業化による茫漠とした風景が混ざり合った様子を指している。

宮部みゆきは、かつて、自分が生まれ育った東京の下町に、近代的なマンションやファミリーレストランが入り込んできた時、そのことを指して「パズルのような街」と呼んだ。古いものと新しいものが混ざり合って整合性のない街の様相を、彼女は未完成のパズルに喩えたのだ。

永井荷風と宮部みゆき、この二人は約六〇年の時を隔てて、同じような場所に建って、この東京イーストサイドの変化を憂えていたことになる。そこに建つランドマークとしては、荷風の時は「お化け煙突」、宮部の時は「アクロシティ」といった違いもあった。

黒沢清『叫』が描いた埋立地の幽霊

バブル経済が崩壊した一九九〇年代初頭。この時代をまたいでの東京湾岸の開発を背景として描かれたホラー映画に黒沢清監督の『叫』（二〇〇七年）がある。

宮部みゆきの『理由』は、都市の変化の「怪異」として殺人事件を描いていたが、『叫』もまた同じように湾岸の開発を背景とした連続殺人事件を描いている。

舞台は東京湾の埋立地。冒頭の殺人事件の死体が発見される現場は、有明の空き地である。マンションの建設予定地という設定だが、実際に映画のロケに使われたこの場所には、現在マンションが建ってる。

この映画が撮られた二〇〇〇年代半ば、つまり今から約一五年前のこの辺りには、まだまだ空き地がいくつも広がっていた。運河を挟んだ向かいの豊洲も、いまは築地から移転する新しい市場が建設中だが、当時はただのすすき野原である。この約一五年足らずの間で、この辺りの光景が激しく変化したことが見てとれる。

役所広司演じる主人公の吉岡は、有明署（架空の警察署）に所属する刑事。彼が住むのも、湾岸の古い団地であり、恋人の小西真奈美演じる春江と、半ば同棲に近い生活を営んでいる。団地は、家族を象徴する場所である。だが、吉岡の日常からは、家族や生活といった気配は希薄である。春江との関係も、夫婦のそれと同じようでありながら、どことなく距離もある。

有明で死体が発見された事件を担当して以降、吉岡は赤い服を着た幽霊（葉月里緒奈）と彼女が発する叫び声に悩まされるようになる。殺人事件に関係しているようだが、なぜ彼のところに現れるのかはわからない。精神科医には、幽霊は自らの「心の声」、つまり怪奇現象ではなく、自分の心理上の問題であると説明されるのだが、自らの精神状態に異常を感じているわけでもない。

殺人事件は、一件で終わらない。臨海の埋立地界隈で、次々と死体が発見される。どれも同じように死体からは海水が検出されている。

物語は、常に東京湾岸の埋立地を舞台として進行する。古い工事現場、放棄された資材置き場、建設予定地という名の空き地。そんな場面ばかりが描かれる。吉岡の住む団地も、高度成長期に建てられたもので、見た目は廃墟寸前。この一帯は「忘れ去られた場所」なのだ。そして、「忘れ去られた場所」は、この映画の主題でもある。

二〇〇七（平成一九）年のこの辺りには、すでに多くの高層マンションや高層ビルが建っている。だが、運河を走る船の上から見ると別の姿が見える。運河から見えるのは、町の裏側である。そこにはまだ取り残され、忘れられたような場所がたくさん残っている。

吉岡と恋人の春江との会話によって、この一帯が一五年前の都市計画の失敗によって取り残された場所となったことが示される。

「どんどん埋立工事が進んで、なんだか未来都市みたいなものができるんじゃないかって、あのころはみんな思っていたけど」

「そうね。でも失敗したのよね。そういう計画」

「あてが外れたね」

「そんなもんよ、未来なんて」

湾岸の再開発計画がバブル経済の崩壊によって頓挫した様を指しているのだろう。

連続殺人事件は、三件とも解決されていく。驚くことに、地域、殺害方法などが同じなのに、犯人はどれも別々の人物だった。

そして、吉岡の元に現れる赤い服の幽霊は消え去らなかった。彼女の正体を調べようと考えた吉岡は、警察署の資料室で古い湾岸の地図を調査する。そして、かつて戦前の東京湾埋立一号地（東雲）にあったとされる精神病院の存在に気がつく。彼女、つまり幽霊の正体は、戦前の精神病院で死んだ患者だった。

吉岡は、船乗りに頼み、この街を裏側から眺める。戦前の精神病院は廃墟となっていまだ残されていた。吉岡は、ようやく幽霊の元にたどり着いたのだ。「やっと来てくれたのね。あなただけ許します」。死体を見つけたことで許されたわけではない。「忘れ去られた存在」であった自分と、自分が死んだ場所を見つけてくれたことに対する「許し」である。

本作は、単に戦前に精神病院で死んだ女の怨念が化けて出る話ではない。高度成長期、開発が頓挫したバブル期、そしてその後にやっと始まった大規模な湾岸の再開発。物語を通して語られるのは、湾岸開発の歴史である。これらの街の変化に覆い隠されたものが幽霊の姿を借りて現れる。それが、『叫』の幽霊の正体なのだ。

ここから先は、見ていない人にとっては完全なネタバレになる。

本作における幽霊は、この赤い服の幽霊だけではない。恋人の春江も実は実態のない存在である。春江はすでに死んでいる。吉岡の住む団地の部屋で白骨化しているのだ。彼女もまた吉岡にとって「忘れ去られた存在」だった。

社会学者の宮台真司は、黒沢清の作品に共通するモチーフがあることを指摘する。「この社会においては、誰しもが輪郭がぼやけ、相手が何者なのか、自分が何者なのかすら、皆目分からず生きている」(「宮台真司の月刊映画時評　第3回」『Real Sound』)。黒沢作品には、この「不全感」が描かれ続けてきた。

本来、都市とは確固として存在するものだ。その姿形を変えることはあっても、人が暮らす場所としての都市は急になくなったりはしない。だが、本作が舞台とする湾岸の埋立地は、「輪郭がぼやけ」た都市計画、開発未満の地域である。映画『叫』は、そんな移ろいやすい場所において、自己も家族(団地や春江に象徴される)も何もかもがあいまいになっていく物語であると理解できる。

臨海の埋立地という移ろいやすい場所、そしてそこで暮らす移ろいやすい家族をモチーフにした映画『叫』。本作も、これまで取り上げてきた『しとやかな獣』や『家族ゲーム』といった一連の作品に連なる系譜の物語と言えるだろう。

『仄暗い水の底から』と水を巡るホラー

一九九六（平成八）年に刊行された鈴木光司の『仄暗い水の底から』は、七つの話が収録されたホラー短編集である。七つの話に接続性はないが、どれも東京湾が舞台で、どれも水にまつわる恐い話という共通点がある。

執筆当時、港区の外れにあるマンションに二〇年にわたって住んでいた鈴木は本書のあとがきにて、「部屋に流れ込む海の音と、東京湾変遷の地図からヒントを得て生まれたもの」と語っている。そのうちの一話「浮遊する水」は、二〇〇二（平成一四）年に中田秀夫監督の手で『仄暗い水の底から』と題して映画化され、二〇〇五年にはハリウッドで『ダーク・ウォーター』というリメイク版も製作された。

「浮遊する水」の舞台は、東京湾岸の埋立地に建つ七階建てのマンションだ。「地図を見たところでは、昭和の初年頃、確かに今住んでいる埋立地は存在しなかった」「芝浦と台場を結ぶレインボーブリッジがまさに完成間近だった」という描写や、「保育環境の整った港区」「運河にかかった橋」などの記述から、小説の時代設定は一九九三（平成五）年八月のレインボーブリッジ開通の直前頃で、住所は港区海岸、または芝浦、もしくは港南の辺りと推測できる。「浮遊する水」の主人公・松原淑美は、夫との離婚後、娘の郁子と二人で暮らすシングルマザーである。

ある日、花火をするために娘と二人で屋上へ行くと、マンションの排水溝のそばで「キティちゃん」のビニール製のバッグを見つける。住人に子どもは郁子しかいないはずである。管理人にそれを届けた際、このマンションで二年前に起きた女の子の失踪事件のことを聞いた。数日後、再び彼女は屋上に上がるが、再び処分されたはずのキティちゃんのバッグが同じ排水溝のそばに置かれていた。

この築一四年の七階建てのマンションは、超高層インテリジェントビルの建設計画に伴い住民の追い出しを始めたものの、開発計画はバブル崩壊によって頓挫し、宙ぶらりんのまま放り出されていたものだ。ここでも計画が頓挫した移ろいやすい場所としての東京湾の臨海地域が登場する。宙ぶらりんな計画に翻弄されポツンと取り残されたマンション。

「浮遊する水」のヒロインである淑美は、かつての女児失踪事件のことが気になり始める。当時の管理人の日誌を見せてもらうと、失踪当日、高架水槽の清掃と水質検査が実施された記録があった。

淑美はその日から、失踪した女の子が高架水槽に閉じ込められているという妄想にとらわれ始める。部屋の浴室、水道の水、どれもが高架水槽と結びついている。次第に彼女は、妄想に取り憑かれていき、パニックを引き起こす。

恐怖のイメージが水を媒介して増幅し、主人公を悩ます。『仄暗い水の底から』の七つの短編に共通するモチーフだ。水は、単に個室の浴室とマンションの高架水槽を媒介するだけでない。その水道水を遡れば、浄水場、河川にまで行き着く。そして、それらの水は、最終的には東京湾に注ぎ込み、再び蒸発しては河川の上流の山間部に降り注ぎ循環している。淑美の恐怖、または強迫観念とは、こうした都市のインフラ・組織としての水にまで行き着く。

鈴木光司が一九九〇年代に登場し、新しいホラー小説の時代が始まったのは、こうした都市的なインフラ（『リング』『らせん』のシリーズであれば、DNAやビデオテープ、コンピューター）を見つけ出すことで、現代における新たな「暗がり」を発見したからだろう。

「浮遊する水」の取り残された湾岸のマンションも、ホラーの舞台としてうってつけの存在である。黒沢清の『叫』にせよ鈴木光司の「浮遊する水」にせよ、ホラーの舞台として東京の臨海地域は最適の場所だ。

前者で化けて出るのは、放置され見つけてもらえなかった死体である。この亡霊は、自分を忘れ去られた場所に置き去りにした場当たり的な都市計画を呪う。後者「浮遊する水」または連作短編である『仄暗い水の底から』の中で化けて出るのは、住宅、都市のシステムにまで組み込まれた循環する東京湾岸の「水環境」だった。水そのものが得体の知れない源であり、水道や高架水槽といった装置が不気味な存在として描かれている。いずれにせよ、かつての東京湾岸の暗さが、こうしたホラー風味を呼び寄せていたのだろう。

タワーマンション乱立の時代の家族像

一九九七年、金融機関の破綻が次々と表面化するなどバブル崩壊後から続いていた不況は、ここにきて本格化。誰もがこれが長期的な不況であるということを認識するようになった。こうした不況の空気とは裏腹に、タワーマンションに関する建築基準法の規制緩和の法改正が行われたのが、一九九七年である。これにより容積率上限が引き上げられ、日影規制の適用を除外とされる「高層住居誘導地区」の規定が定められ、それをきっかけとしたタワーマンションの建設ラッシュが始まるのである。そうした中で『しとやかな獣』『家族ゲーム』『叫』といった映画作品の中では、殺伐とした風景として描かれてきたこの湾岸の埋立地は、タワーマンションが乱立する舞台へと変わっていく。

桐野夏生の『ハピネス』は、江東区豊洲のタワーマンションに住む家族の、ママ友たちとの複雑な交流を描いた小説である。三〇～四〇代向けの女性誌『VERY』で二〇一〇（平成二二）年から連載が始まった。

この小説に登場する「ベイタワーズ」は架空のタワーマンションだが、近くにショッピングモールの「アーバンドッグ ららぽーと豊洲」があり、地下鉄有楽町線の豊洲駅が最寄り駅として描かれる。モデルとなったのは、二〇〇八年に完成し、三井不動産が分譲した「パークンティ豊洲」だろう。ここは二棟の高層タワーと低層棟の三棟で構成され、ららぽーと豊洲に接続されている豊洲を代表する大型高層住宅である。

晴海から運河一本隔てた東隣が豊洲だが、ここは比較的再開発が遅かった街である。古くからの団地や雑居ビルが残る雑然とした地域であり、今でも近くに都営住宅とコリアンタウンが存在する。大規模な再開発が行われた新しい豊洲の中心は、元はＩＨＩ（石川島播磨重工業）が所有する工場群だった。

現在ららぽーと豊洲が建つ位置には、同社造船所の東京第一工場があった。その痕跡は、かつての造船ドック跡をそのまま生かしたショッピングモールの中庭に、スクリューやクレーンといった産業遺構と共に残されている。

ＩＨＩ東京第一工場で最後の進水式が行われたのは二〇〇一（平成一三）年。その翌年、この造船所は一九三九（昭和一四）年の操業から六三年で幕を閉じた。新たな豊洲という街のあり方を考える「豊洲２・３丁目地区まちづくり協議会」が発足したのも、同じ二〇〇二年のことである。

ららぽーと豊洲の開業は二〇〇六（平成一八）年。その前後数年でタワーマンションが建ち並び、東京でも随一の人口増加エリアとなった。二〇〇七年に新設された江東区立豊洲北小学校は、この地域の人口増を示す象徴的な出来事として報じられている。少子化で全国的に小中学校の統廃合が進むなか、江東区では二六年ぶりの小学校新設だった。

「ママカースト」というヒエラルキー

『ハピネス』の主人公、岩見有紗は三三歳。彼女は、三歳の花奈と二人で「ベイタワーズマンション」（以下ベイタワーズ）に住んでいる。このタワーマンションは、東棟と西棟の高層タワー二棟からなる。

有紗は、このマンションの中で同じくらいの子どもを持つ母親たちと「ママ友」グループを形成している。このママ友グループは、公園の砂場や、近所の巨大ショッピングモール「ららぽ」の前で待ち合わせて、子ども同士で遊ばせながら、日常的に井戸端会議を開催している。

有紗のママ友グループでの地位は低い。彼女は、〝セレブ〟である他のママ友たちの機嫌を損ねないかびくびくしながら集まりに参加している。有紗のヒエラルキーが低いのは、住んでいる部屋の条件が他のママたちよりも「格下」だからである。

有紗が住む東棟二九階の部屋は、隣のオフィスビルの陰になるため、陽が入るのは午前中の数時間のみである。したがって、ベイタワーズの中でもとりわけ分譲価格は低く抑えられている。分譲時の価格がオープンになっているだけでなく、住人がそこに賃貸で入居しているのか分譲で購入したものなのかといったような情報も、なぜか住人のあいだに筒抜けになってしまっている。

一方、このママ友のリーダーである「いぶママ」は、見晴らしのいい西棟の四七階に住んでおり、夫は「マスコミ関連」の仕事をしている。乗っているクルマは、メルセデスの高級SUVだ。彼女は、美人であるだけでなく、カジュアルな服を格好良く着こなすセンスの持ち主でもある。表参道に実家がある良家の出らしいと、育ちの良さにも定評がある。非の打ち所のないママカースト上位者である。

女性同士の〝格付け〟は、男性に比べて複雑だといわれる。自身の能力や社会的地位だけでなく、配偶者のステータス、そして容姿も評価に大きく影響するからだ。

少子化ジャーナリストの白河桃子は、『格付けしあう女たち――「女子カースト」の実態』で、幼い子どもを持つ母親同士のコミュニティである「ママ友」についての実態を調査している。「ママ友」というグループ内での立場、「多様性がない均質的な集団」であるからこそ、「小さな差異を大きくあげつらう」ために発生しているのだという。

『ハピネス』で桐野が描くのは、タワーマンション（以後、小説内での呼称にちなんで〝タワマン〟と呼ぶ）という、ヒエラルキーが筒抜けになってしまう空間における「ママ友」コミュニティのカーストという問題である。

夫の職業や自身の容姿といった要素以上に、住んでいる部屋の階数（タワマンでは、高層階ほど値段が高くなる）などで格付けが明示されてしまうタワマン。『ハピネス』は、そんな場所で新しく植え付けられる「階級意識」を巡る小説なのだ。

すでに崩壊した家族が再生する物語

有紗の生活は、セレブからはほど遠いもので、むしろ破綻寸前である。

ママ友仲間には有紗の夫はアメリカに単身赴任中ということになっているが、それはうそだ。アメリカにいるのは本当だが、夫は事実上、連絡が取れない失踪状態。有紗は、娘との二人暮らしをするシングルマザーである。

そして、そのシングルマザーとしての生活も破綻寸前だ。

彼女が住むタワマンの家賃は月額二三万円。夫からの生活費や家賃の振り込みは途絶えており、夫の実家がその嫁の状態を見かねて、一時的に家賃と生活費を肩代わりしてくれている。ただし、その状況は、永くは続きそうもない。だが、有紗はママ友に対する見栄もあり、自分で働こうという気持ちになれずにいる。このままでは、この生活は破綻する。

ママ友ヒエラルキーでは一番下とはいえ、有紗にとってタワマンの生活は、自分の自尊心を満たしてくれる憧れのセレブ風ライフスタイルの実現であり、そこが崩壊してしまうことを彼女自体は、なによりも恐れている。そこに所属し続けるための苦労は、彼女がそれに見合った収入を得ることに向けられるのではなく、そのママ友コミュニティで、嫌われずにふるまうことに向けられてしまっているのが不幸である。

この物語で描かれるのは、彼女の生活の破綻ではなく、その前に訪れるママ友コミュニティの崩壊である。その崩壊の元凶となったのは、タワマンではなく、駅前のふつうのマンションに住む「美雨ママ」だった。彼女は、ユニクロの安い服をセンス良く着こなすセンスの良い美人（ニックネームは「江東区の土屋アンナ」！）である。

タワマンという閉じたヒエラルキーからは自由である彼女は、このママ友コミュニティにおける異分子だ。皆が暗黙の了解として構築している上下関係をぶち壊していく。極めつけは、リーダーであるいぶママの夫とのダブル不倫である。その発覚によって、いぶママの女王的立場は決定的に崩れてしまう。そして、実は張り子の虎でしかなかった虚飾にまみれた彼女の経歴が表沙汰にされていく。

一方、有紗の家庭の「崩壊」状況は改善に向かう。失踪中の夫は、突然理由も告げないまま有紗の元に戻ってくる。彼女が居場所を求めたママ友というコミュニティは崩壊したが、彼女のタワマンでの生活は続行することになるのだ。

『しとやかな獣』『家族ゲーム』といった湾岸の埋立地の高層住宅を舞台とした物語では、〝家族崩壊の予兆〟が描かれていたが、『ハピネス』で描かれたのは〝すでに崩壊した家族が再生する〟物語だ。

「多様性がない均質的な集団」であるからこそ、「小さな差異を大きくあげつら」うという人間関係が、『ハピネス』においてはタワマンのママ友コミュニティとして描かれたが、これは日本社会という均質性の高い集団の特徴そのものでもある。そして、新興の集合住宅という場所は、「多様性がない均質的な集団」の集まる場所になりやすいという傾向を持っている。

つまり、複数の家族が住む新興の高層住宅という場は、日本社会の縮図でもあり、そこを舞台とする物語は、日本人の社会を戯画化したものとなりやすい。かつて描かれた〝家族崩壊の予兆〟の物語が、〝すでに崩壊した家族が再生する〟にとって替わるのは、すでに核家族という形態が崩壊しつつある時代においては当たり前なのかもしれない。

新しい都市の「怪異」

「ねえ、花奈ちゃんママさあ、ここに住んでいる子たちって、高いところで育つから、この高さが当たり前の生活空間なわけでしょう。そういう子って、あたしたちと全然違う人間になるわけでしょう。花奈ちゃんが将来どうなるか、あなた不安じゃない？」。これは『ハピネス』で豊洲駅前の普通のマンションに住む、美雨ママの台詞である。

タワマンという地上一〇〇メートルを超すような住居での生活とは、前の世代が育った住環境、せいぜいマンションの一〇階程度までの住環境を遥かに超えた高所での生活ということになる。生育環境の変化が、人間の体質や性格などになんらかの変化を与える可能性について、この美雨ママは指摘している。

こうした高層住宅に対する不安は、この小説で指摘される以前から存在することは、すでに触れてきたとおりである。

『しとやかな獣』の舞台が、たった五階建ての団地とはいっても、上空を飛ぶ戦闘機の騒音という不安要素とともに未知の生活空間として描かれていた。『家族ゲーム』では、さらに高層階のある団地が描かれたが、そのラストの不穏さは、やはり人が高層階に住むことの「不安」という要素が込められていた。

宮部みゆきの『理由』も、下町とそこにできたタワーマンションの対比を行うことで、コミュニティの崩壊という〝不穏さ〟を一家殺人という「怪異」の形を借りて物語化されていた。作中には、「高所に暮らすことによる居住者の心理的負担」「居住者同士にコミュニティとしての一体感・連帯感が生まれにくく、隣家で事件が起こっていても気づかない、気づいても何の手も打たないなどの無関心さを生み出す」という具合に、〝不穏さ〟への具体的な説明がなされている。

ここで一度、整理を行ってみたい。

本稿が取り上げてきたのは、湾岸、埋立地、リバーサイドという場所に建つ高層住宅だった。

そこでは家族の崩壊をはじめとする、「不安」や「不穏さ」が描かれていた。

その「不安」の正体を分解すると、三つの要素に分けることができる。

一つめは、高層住宅という「テクノロジー」がもたらす「不安」である。

人は未知の高さでの生活に、それがこれまでにない「心理的」または「物理的」な影響を人間に与えるかもしれないという底知れない不安を感じるもののようだ。SF作家のJ・G・バラードは一九七〇年代に四〇階建ての高層マンションでの生活をモチーフにした『ハイ−ライズ』（一九七五年）という小説を書いている。バラードは、科学テクノロジーが生活の中にもたらされることの不安や脅威を題材にしてきた作家であり、この『ハイ−ライズ』もまさに人類が経験したことのない高層階での生活を予言したものである。

二つめは、湾岸、埋立地、川沿いという地域を巡る都市開発にまつわる不安である。

東京における臨海地域は、都市計画が中途で投げ出され、うつろな場所として放置されてきた場所だ。川沿いも土地利用の方針の変化によって左右されやすい場所である。人が住み続けてきた歴史を持った都市の空間とはちがい、歴史性を持たない場所としての東京の臨海地域は、「不安」や「不穏さ」に結びつきやすいのだ。

三つめは、「地域共同体」から切り離された主体が晒された「不安」である。

団地やマンションといった新しい住宅の登場によって、個人や家族は、隣・近所・町内会から切り離されるという論理は、これまでに繰り返し語られてきた。だがこれは疑ってかかるべきである。タワーマンションが登場すると、それまで密だった近所のコミュニティが失われたと言われるが、この手の話は、団地住宅が登場したときに言われたことの繰り返しにすぎない。一軒家であろうが長屋であろうが、隣近所の密なコミュニティーはない場所にはない。農村社会から都市社会へと移り変わる必然として、「核家族」は共同体から切り離され、「不安」を余儀なくされた。それをいつまでも繰り返し語り続けることにたいした意味はない。

湾岸の高層住宅を舞台にした物語とは、この三分類できる不安を「戯画化」や「怪異」などの形に置き換えた一種のスリラーなのだ。

ゆえに、これらから真剣に「家族の解体」や「社会の不安」を読み解くというのは、ナイーブすぎるだろう。そこから読み解くべきは、作家たちが捉えた社会や都市の変化そのものだ。その意味では、この湾岸地域の高層住宅を描いた最新のフィクションには、どのような東京の変化が描かれているのか気になるところである。

あらかじめ崩壊した家族同士の関係性『3月のライオン』

羽海野《うみの》チカの『3月のライオン』は、二〇〇七年に連載が始まった長編マンガである。この作品の舞台は作中では三月町、六月町という架空の町として描かれているが、東京湾の埋め立て地域、それも隅田川沿いであることは明らかだ。

第一話は、高層マンションのがらんとした何も置かれていない一室と、その窓の向こうに見える湾岸の光景から始まる。ここに住んでいるのは、主人公の桐山零である。零は、幼い頃に家族を事故で失い、その後引き取られた父親の友人の家庭を崩壊させ、いたたまれなくなり家を出た一七歳の少年である。

彼は、この隅田川沿いのマンションで独り暮らしをしながら、プロ棋士と高校生という二重の生活を送っている。

これまで湾岸の埋立地に建つ高層住宅と家族の変遷について触れてきたが、『3月のライオン』は、その要件を満たすドラマの最新型だ。

幼い時代の零が引き取られた家庭には、零より四つ年上の姉と零と同い年の弟という姉弟がいたが、将棋で才能を見込まれたのは零であり、将棋しか愛することの出来ない義父は、零ばかりにかかりっきりとなり、実の娘息子をないがしろにした。それで家庭は崩壊したのだ。

つまり、本作における「家庭」は、崩壊しきったところから始まる。家族の箱である湾岸のマンションには、零が独りで住んでいる。

本作においては、舞台となる月島周辺の川沿いの光景を写実的に、それも実際の舞台をそっくりそのまま描くということを行っている。この物語の中に登場する橋や公園は、現実にも存在するものなのだ。

零の住むマンションの部屋からは隅田川が見えている。リバーサイドに建つマンション。目

羽海野チカ『3月のライオン』第1巻より

中央大橋

の前に架かる橋は、隅田川の三角州にあたる月島・佃地域と隅田川の西岸の新川地域の間にかかる中央大橋だ。零が住んでいるマンションは、その新川側の河岸のようだ。作中では、三月町と呼ばれている。

そして、中央大橋を渡った向こう、つまり佃・月島の辺りには、この物語の重要な登場人物である川本三姉妹が住む平屋の住宅がある。作中においては六月町と呼ばれる。

川本三姉妹は、二〇歳を超えている長女のあかりと、中学生の次女ひなた（作品の中の時間経過とともに高校生になる）、そして保育園児のモモの三人だ。伝統的な和菓子職人である祖父と一緒に暮らしているが、彼女たちの母はすでに他界しており、長女あかりは銀座の高級クラブで働きながら、年の離れた二人の妹を育てている。

下町的東京とタワーマンションが建ち並ぶ臨海地域との融合

家族を失い、将棋一筋の毎日、つまりは無機質な独り暮らし生活を営む少年が、下町の温かい家族である川本家と交流することで、少年がこれまでの人生で得ることのできなかった家族の絆的なものを獲得していく。その舞台として、作者は、かつての地元共同体の匂いが残る下町と、急速な開発により、無機的・人工的な色合いの強い湾岸という両者が入り交じった場所としてこの月島近辺を舞台として選んだのだろう。

川本家も単に下町的な情緒あふれる家族として描かれてはいない。ここも母が死に、父は子どもたちを捨てて彼女をつくり、家を出たという欠落家族である。欠落した家族同士が、新しく生まれ変わろうとしている

作中、零が住んでいる新川から、彼が通う将棋会館へ向かう場面がいくどか登場する。

千駄ヶ谷まで地下鉄なら1本だけど　対局の日は河を見ながら向かいたくて　ＪＲの駅まで歩いて行く――色んな橋を渡りながら……

最寄りの駅を経由して将棋会館に向かうのであれば、大江戸線の勝どき駅を利用し、国立競技場前駅まで向かうのが近い。だが、彼は隅田川沿いを歩きながら八丁堀駅まで向かう。

主人公の零は、川の近く、橋の近くという条件を選んで、明らかな意図を持ってこの町に住んでいるのだ。この漫画で描かれる隅田川及びそこにかかる橋の風景は、必ずしも殺風景なものではない。単に、将棋にしか興味を持てない零の内面描写として人工的な隅田川沿いを描いているわけではないように思える。また、下町の光景も古き良き下町というステレオタイプの描き方も拒否している。

ちなみに本作で作者が描くのは、橋と川ばかりではない。川の周囲にはタワーマンションや巨大オフィスビルがたくさん建っている。これらも当然背景として描かれている。そう、佃と

羽海野チカ『3月のライオン』第1巻より

いうのは、一九八〇年代後半という早い時代からすでに大規模住宅開発が始まっていた地域でもある。

すでに触れたが宮部みゆきの小説『東京下町殺人暮色』において、東京の下町に引っ越してきた中学生の少年が仰ぎ見た当時はまだ建築中だったタワーマンション群が、佃島の大川端リバーシティ21だった。ちなみにこの少年は、このマンション群を不吉なものとして眺めている。「いつかは本当に監視塔みたいなものをつくって、犯罪を防がなきゃならない時代がくるかもしれないいな」と。その佃島とは、まさに『3月のライオン』の舞台の周辺そのものなのだ。

いい街の条件と適度な開発

ちなみに作者の羽海野チカは、当初この物語の舞台として神奈川県の鎌倉を考えていたという。萩尾望都の『海のアリア』という現実の鎌倉を舞台にした作品を意識していたようだ。その萩尾望都との対談の中で羽海野は、「実在している場所を舞台にすると本当にそのキャラクターがいるみたいに思えていいな」（萩尾望都『マンガのあなた　SFのわたし　萩尾望都・対談集　1970年代編』）ということから、写実的な風景を意図した作品づくりを意識した。さらに「写真が足りない時にすぐ取りに行けるように」ということで鎌倉案を捨て、仕事場から出かけやすい近場の隅田川沿いということになったという。つまり、設定としての「下町」やそこで営業している「和菓子屋」とは、二次的に生じてきた設定だった。ただ、その設定変更がうまくはまったということもあるだろう。「川が出てくると画面が広くなる」などの効果もあり、ここが舞台であることは結果「良かった」のだとも語る。

『3月のライオン』の舞台が、隅田川沿いであることとの最大のポイントは、橋や高層マンションといった人工物と川という自然の両方が混在する風景を、美しく描いているところにある。羽海野自身も「背景ってつらい作業なので、少しでも好きな場所を描かないとやってられなくなる」（前掲書）というように、「好きな場所」として描いている。

零は、頻繁に川本家を訪ね、晩ご飯をごちそうになる回数が増えていることに引け目を感じている。零のマンションと川本家の間には、一本の橋が架かっている。零にとって、川本家を訪ねることとイコールこの橋を渡ることだ。躊躇して足を止める零。だが、川本家の姉妹は、この橋で零を出迎えている。

『3月のライオン』は、開発後の湾岸の埋立地を舞台にしながら、そこに元々いる人々と、新しく流入する人々の交流を描く物語としても描かれているのだ。

これまで取り上げてきた湾岸の集合住宅の物語は、湾岸を人工的な場所、殺風景で人間が住むにはそぐわない場所として描いてきたものが多かった。『しとやかな獣』から『ハピネス』に至るまで、湾岸の風景は殺風景で人工的な冷たいものとして描かれ続けてきたし、そこで描かれた家族は、崩壊の予兆、もしくは崩壊そのものを孕むものだった。

それが、ここにきてようやく反転し、湾岸の埋立地にポジティブな意味合いを見出した作品がこの『3月のライオン』と言えるだろう。

月島・佃といった地域を主とした「古い下町の匂い残る場所」としての東京と、「新しい開発後」の東京が混在した「新しい東京」という舞台で、羽海野チカは、新しい時代の都市的な「家族像」が生まれるストーリーを紡いだのだ。

かつては「不安」「不穏さ」の代表だった東京の臨海地域が、日常生活の舞台として自然に選ばれ、美しい光景として描かれるようになった。また、ここでの川沿い、新しい橋や高い建物が建て並ぶ埋立地の光景は、新しく生まれてくるものを育む背景として描かれている。これからも湾岸の埋立地域を、ポジティブな意味合いを持って美しく描く作家の登場によって、実際の東京の臨海地域もそのイメージを新しく変えていくことになるだろう。

第二章

副都心の系譜

——二つの刑事ドラマから見る副都心の発展

副都心の変化を描いた二つの刑事ドラマ

青島俊作を演じる織田裕二が刑事となって湾岸署に初めて登庁する場面。青島は吸いかけのタバコを投げ捨てるが、すぐに思い直して拾い上げる。テレビドラマ『踊る大捜査線』第一話のタイトル明けのシーンである。これは、ドラマ『太陽にほえろ!』のパロディなのだ。『太陽にほえろ!』の第一話で、ショーケン(萩原健一)演じる新人の〝マカロニ刑事〟こと早見淳は、ジープタイプのスズキ・ジムニーに乗ったままくわえタバコで七曲署に初出勤していたのだ(彼は、吸い殻だけでなく空箱など様々なものをポイ捨てする)。

そんなマカロニ刑事気取りの青島に対し「警察署はねえ、アパッチ砦じゃない。会社」という言葉を投げつけるのは、湾岸署の同僚である深津絵里だ。一九七〇年代の刑事ドラマは、ワイルドなヒーローが活躍するアクションものとして成立したが、現代においてそれは荒唐無稽なものにしか映らない。『踊る大捜査線』で描かれるのは、パトカー一つ手配するために、上司の許可印が押された申請書類を必要とする融通の利かないお役所としての警察だ。タクシーを使って犯人を追跡しても、領収書をもらって後日精算しなければならない。そんなヒーローとはかけ離れた刑事の姿が描かれた。夢と現実のギャップが、冒頭の吸い殻を拾うカットで示されているのだ。

『太陽にほえろ！』の放送が始まったのは一九七二年のこと。そして、『踊る大捜査線』は、一九九七年に放送された。二つのドラマの間には、二五年の歳月がある。権力や暴力を行使する存在である刑事の描かれ方も、民主的なものになった。また、社会の有り様も変化した。

だがここで着目するのは、刑事たちが活躍する背景として描かれる街の変化である。この両刑事ドラマの舞台は、新宿、お台場というどちらも制作当時「副都心」として発展が期待されていた場所なのだ。それぞれのドラマに登場する「発展する街」に着目し、東京という都市の変化を記してみたい。

『太陽にほえろ！』は、青春ドラマの要素を多分に含んだ刑事ドラマだった。このドラマのマカロニ刑事編で主演を務めたショーケンは、ドラマの開始時点ではまだ二一歳である。沢田研二がいたタイガースと人気を二分したテンプターズのメンバーとして、グループサウンズの世界のスターだったショーケンが、ミュージシャンから次の仕事への移行を果たそうとしていた時期だった。

『ノルウェイの森』の一九六〇年代末新宿

七曲署に赴任してきた新人刑事・早見淳は、パンタロンスーツに長髪というスタイルでジープ（厳密には、ジープでなくスズキの「ジムニー」）で出勤する。署の同僚たちは、彼に〝マカロニ刑事〟とあだ名を付けた。このあだ名は、当初の設定にはなかった。細身の三つ揃えのスーツにノーネクタイという出で立ちで衣装合わせにやってきた萩原の私服がそのままドラマのマカロニのキャラクターに踏襲されたという。その格好が、マカロニウェスタンのガンマン風だったために、マカロニというあだ名が生まれたのだ。

放送直後は「あんな長髪の刑事はいない」という苦情が殺到した（岡田晋吉『太陽にほえろ!伝説――疾走15年　私が愛した七曲署』）。成熟した大人でなくては勤まらない職業の代表が刑事だが、まだ若者の気分が抜けないマカロニは馴染めない。昨日までは反権力の側にいた若者が権力の側に立つとどうなるか。いく度となく若者と大人の間で葛藤するマカロニの苦悩がドラマの中で描かれた。

『太陽にほえろ！』の第一話はこんな話だった。着任早々、殺人事件の捜査に参加したマカロニが向かったのは、「フーテン族」の若者の溜まり場になっている西新宿の喫茶店である。店で張り込みを続けるうちに、マカロニは手配中の犯人に出くわす。このシリーズの刑事たちはよく走らされていたが、ここでマカロニも逃げる犯人を拳銃を持って追いかけている。ちなみに、第一話でこの犯人を演じていたのは若き日の水谷豊だった。

水谷は街頭の中で拳銃を振りかざすが、マカロニは彼を撃つことができなかった。マカロニには犯人が自分の同類として映っている。拳銃を撃ってみたいという無邪気な思いから警官になったマカロニと同じ動機で殺人犯になってしまった若者。逆の立場になっていてもおかしく

新宿副都心全域マップ

淀橋浄水場跡地の新宿副都心完工式（1968年５月29日）　©時事

ないと思ってしまったのだ。

反権力から権力へ。それはマカロニに限らず、ドラマの舞台となった新宿の街に起こった変化でもある。

一九六〇年代の新宿は、新しい若者文化の中心地だった。それが、ある瞬間を境に超高層ビルが建ち並ぶ日本最大のオフィス街へと変貌していった。その境目に当たるのも、このドラマが始まった一九七二年頃のことである。

少し時代を遡る。村上春樹の『ノルウェイの森』の舞台は、一九六九（昭和四四）年。学生運動やカウンターカルチャーが台頭し、社会が大きな変化に晒される中、主人公の「僕」は、それとは逆行するように京都の山奥の療養所に入所した恋人をおもんぱかる静かな生活を送っている。

『ノルウェイの森』には、新宿の街が何度も登場する。「僕」は新宿のレコード屋でバイトをしているし、大学も近くにある。数度にわたり登場するのは、紀伊國屋の裏手にあるジャズ喫茶DUGだ。周囲はジャズを聴きにコーヒーを飲みに来ている客ばかりだが、「僕」と緑という女の子はウォッカ・トニックを五杯ずつ飲んでいる。DUGは当時のジャズ喫茶全盛期の新宿を代表する名店。小説にも説明があるように、新宿紀伊國屋の裏の地下にあった。DUGは、その後いく度かの転居を繰り返しながら現在も営業を続けている。

村上春樹は学生だった当時のことを書いたエッセイの中で、新宿でアルバイトをしていたこ

4月の新刊 ●8日発売 ちくま文庫

おそ松くんベスト・セレクション
赤塚不二夫

おそ松くん伝説、六つ子全員登場！

みんなのお馴染み、松野家の六つ子兄弟が大活躍！日本を代表するギャグ漫画の傑作集。イヤミ、チビ太、デカパン、ハタ坊も大活躍。（赤塚りえ子）

43359-6
780円+税

カレーライスの唄
阿川弘之

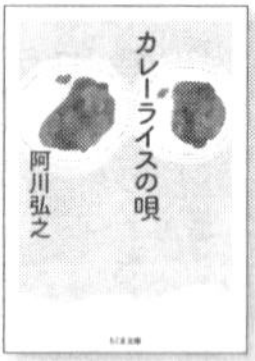

スパイスたっぷり昭和のラブストーリー！

会社が倒産した！　どうしよう？　美味しいカレーライスの店を始めよう。若い男女の恋と失業と起業の奮闘記。昭和娯楽小説の傑作。（平松洋子）

43355-8
950円+税

居ごこちのよい旅
松浦弥太郎　若木信吾 写真

マンハッタン、ヒロ、バークレー、台北……匂いや気配で道を探し、自分だけの地図を描くように歩いてみよう。12の街への旅エッセイ。（若木信吾）

43345-9
820円+税

ダダダダ菜園記
伊藤礼 ●明るい都市農業

畑づくりの苦労、楽しさを、滋味とユーモア溢れる文章で描く。自宅の食堂から見える庭いっぱいの農場で〝伊藤式農法〟確立を目指す。（宮田珠己）

43352-7
740円+税

夕陽妄語3（全3巻）
加藤周一 ●2001―2008

加藤周一は、死の直前まで時代を見つめ、鋭い知性と明晰な言葉でその意味を探り、展望を示し続けた。単行本未収録分を含む決定版。（小川和也）

43340-4
1200円+税

価格は定価（本体価格＋税）です。6桁の数字はJANコードです。頭に978-4-480をつけてご利用下さい。

とに触れている。『ノルウェイの森』の舞台となった一九六九年に彼は、早稲田大学の学生だった。当時、新宿でのアルバイトが終わったその足でビレッジ・バンガードに通っていたという。雑貨が並ぶ複合書店のそれではなく、当時の新宿にあったジャズ喫茶である。場所は、新宿区役所の裏手にあった。ここは、ビートたけしやのちに連続ピストル魔事件の犯人として有名になる永山則夫がアルバイトをしていたということがよく知られている。春樹は当時、西武新宿線の都立家政に住んでおり、永山も同じ街に住んでいたという。

一九六〇年代の文化と新宿の街との関わりについては、すでに多くが語られているので簡単にだけ記しておこう。もっともよく知られる風月堂は、旧新宿三越南館、現在のIDC大塚家具新宿ショールームの辺りにあった。ロック喫茶ソウル・イートは、東口を新宿御苑の方に向かったかつての厚生年金会館の近くにあった。ここでは、六〇年代には、のちにロック雑誌『ロッキング・オン』を起ち上げる渋谷陽一がDJをしていた。

学生運動の一九六〇年代新宿

一九六〇年代の新宿は、学生運動の舞台でもあった。

一九六八（昭和四三）年一〇月八日、新宿はヘルメットをかぶった反体制派学生たちであふれた。前年に新宿駅で起きた米軍燃料輸送列車事故に端を発する「米軍タンク車輸送阻止闘争」である。当時の山手貨物線では、米軍立川基地に向けてジェット燃料を輸送する貨物列車が運行されていた。日本がベトナム戦争の兵站《へいたん》基地として利用されていることに抗議する学生たちが新宿に集まり抗議デモを行ったのだ。

同じ月の二一日、国際反戦デーに合わせて、さらに大規模な米軍タンク車輸送阻止のデモが行われた。新宿駅東口の地下街入り口の屋根に上って見渡すと「明治通りから新宿通りはもちろん、区役所通りすべてが色とりどりのヘルメットで立錐の余地なくひしめいていた」（西三郎、柴田弘美『全共闘』）という。この日のデモは、単なる抗議でおさまらなかった。暴徒と化した学生たちは、二一時過ぎに新宿駅構内に乱入。線路の枕木を燃やし、警察車両を裏返しにして火を放った。

「新宿騒擾《そうじょう》事件」である。深夜にはテレビニュースが「一六年ぶりに騒乱罪が適用」と報じた。七〇年安保を巡る闘争で騒擾罪（現在の騒乱罪）が適用されたのは、このときだけである。

当時の学生運動で、もう一つ重要なのが、新宿西口地下広場で行われていたフォークゲリラ集会である。これは、「毎週土曜日ギターを抱えた十数名の若者が、当時完成して間もない新宿西口地下広場の中央で反戦ソングを歌い出し、これをとりまく各学校から学生たちが進出し、合同してこれに続いた」（前掲書）という。

このフォークゲリラが登場した一九六九年の新宿駅西口は、まだ高層ビルはなかった。では何があったのか。『ノルウェイの森』に、西口側が登場する場面がある。

新宿駅学生デモの様子（1968年10月 8 日）　©時事

オールナイトの映画館でダスティン・ホフマン主演の『卒業』（一九六七年）を観た「僕」は、終夜営業の喫茶店に入ってコーヒーを飲んで始発を待っている。すると、大柄と小柄の女の子二人組が現れ、失恋を巡る相談話が始まった。朝の五時にお酒が飲める場所を知らないかと尋ねられた「僕」は、成り行きでつきあうことになるのだ。

自動販売機で日本酒を何本かとつまみを適当に買い、彼女たちと一緒にそれを抱えて西口の原っぱに行き、そこで即席の宴会のようなものを開いた。

いまの感覚であれば高層ビル街である西口の「原っぱ」は、ちょっと想像し難い。ここからは、「小田急デパート」が見えているので、駅から離れた新宿中央公園ではない。まだ大規模開発が行われる直前の西新宿には、「原っぱ」があった。そこは、その後の大規模開発の「建設予定地」だった。

一九七二年以後の新宿の変化

一九六〇年代末に注目を集めていた学生運動だが、その若者たちは、一九七〇年代になるとどこかへ消えてしまった。村上春樹の『ノルウェイの森』では、この時代の学生運動の終わりを描いていた。

一九六九(昭和四四)年五月「僕」の通う大学は「大学解体」を叫ぶ学生たちにより占拠される。機動隊が出動し、これを排除するのは秋以降のこと。これは実際の早稲田大学に起こった事実に合わせて書かれている。小説の「僕」と同じく早稲田大学の学生だった村上春樹自身が経験したことに重なっているのだろう。しかし、封鎖が解かれ、再開後に講義に真っ先にやって来たのはストを指導した学生たちだった。学生運動には冷ややかな態度を示していた「僕」だが、変わり身の早い連中の「転向」にいらだちを憶えている。

こういう奴らがきちんと大学の単位をとって社会に出て、せっせと下劣な社会を作るんだ。

(村上春樹『ノルウェイの森』)

「僕」は、出席をとるときに返事をしないというささやかな抗議を行なう。それは変わり身の早い連中への怒りであるだけでなく、彼らを安々と取り込もうとする社会の側への異議申し立てでもあるのだろう。

『太陽にほえろ！』におけるマカロニも、反体制の若者に信条としては近いが、刑事という仕事、つまり「権力」「体制側」に「転向」した若者と見ることができるだろう。だがマカロニは、まだその体制の側の社会に馴染みきれずにいる。彼もまた「僕」と同様に時代の変化に流されきらないナイーブさを持った存在である。

新宿の街自体も、一九七〇年代になり急速な変化の時期を迎える。

その中心は、新宿駅西口側である。一九七一（昭和四六）年に西新宿で最初に完成した超高層ビル、京王プラザホテルが開業する。新宿副都心計画に基づく、西新宿地域の再開発がこの年から本格的に始動したのだ。

夕陽を背にした京王プラザホテルの建物の映像が、『太陽にほえろ！』のスタート時のタイトルバックとして使われている。

他にも当時、開発の最中にあった新宿駅西口の光景がドラマの場面に登場した。雑踏の場面として、新宿駅西口の小田急や京王といったデパートのある辺りが使われ、容疑者の追跡、尾行といったの場面では、十二社《じゅうにそう》通りや京王プラザ前の歩道橋近辺、駅の西口と東口をつなぐ地下通路などがよく描かれていた。

ゴリさんのあだ名の竜雷太演じる刑事が活躍する第一四話「そして拳銃に弾を込めた」における銃撃戦のロケ地は、おそらく一九七四（昭和四九）年に竣工する新宿住友三角ビル（正式名は、新宿住友ビルディング）の工事現場だ。まさに開発の最中、街の姿が大きく変貌している中で撮影が進行していったのだ。

ショーケンは、一年間このドラマで主人公を演じたが、最後にビルの建設予定地で動機なき犯人に殺される。マカロニは、西新宿が大人の街へと変貌していく最中に、大人になりきれないまま死んでいくのである。

当時、『太陽にほえろ！』ほどロケを多用したドラマは珍しかったという。『太陽にほえろ！』は、撮影にフィルムを使っていたから、手軽にロケを行うことができたのだ。番組のプロデューサーだった岡田晋吉は、「新宿副都心の発展の歴史を映像で残せるから、新しいビルが建つと必ずそのビルを入れ込んで撮るようにしてましたね」と当時を振り返る（DVD-BOX『太陽にほえろ！マカロニ刑事編Ⅰ』解説）。そもそもドラマの舞台として新宿を選んだ理由の一つは「ビルがどんどん建っていく」からだった。

新宿の発展は、戦後の東京都の都市政策によってつくられたものだ。戦後、有楽町、オフィス街の丸の内、大手町、商業地区の銀座と隣接した地域に都市機能が集中し、一極集中型都市として発展しつつあったのを、多心型都市構造に分散するための計画が「副都心計画」である。

一九五八（昭和三三）年七月に発表された「既成市街地における宅地整備計画」のなかで、新宿、渋谷、池袋の三地区を「副都心」として再開発する方針が示される。中でも新宿は、その計画の中でも中核とされていた。一九六〇（昭和三五）年に決定した「新宿副都心計画事業」では、「建築物の高層化、集団化の実現を図る」という具体的な高層ビル街化の構想が具体的に示されたのだ。

京王プラザホテルの三年後には、ゴリさんの銃撃戦を撮った新宿住友ビルが完成。この通称「住友三角ビル」は、この当時、日本で最も高いビルディングだった京王プラザホテルを抜き、しばらくの間、その座を維持することになる。また同年、その隣に新宿三井ビルも完成した。新宿は、戦後一番発展した場所である。『太陽にほえろ！』が放映された一九七二年の一月、国税庁が発表した土地の路線価格の一位は、新宿東口の高野パーラー前で、一坪五四〇万円だった。

さて、戦後第一番目の「副都心」として発展を遂げた新宿を舞台にした刑事ドラマが『太陽にほえろ！』であるとするなら、二五年を隔ててお台場にある湾岸署が活躍する『踊る大捜査線』は、第七番目の「副都心」を舞台にした刑事ドラマということになる。

東京湾埋立一三号地北部、通称「お台場」は、さらなる都心機能分散を目標とした「臨海副都心」計画に沿って開発が進められた土地である。『踊る大捜査線』も、『太陽にほえろ！』と同じように街の変化を背景にして描かれたドラマなのだ。

空き地署の管轄に建つフジテレビ新社屋

ドラマ『踊る大捜査線』が放送された一九九七（平成九）年とは、フジテレビがその社屋を新宿区河田町から港区台場二丁目に移転した年。つまりこのドラマは、フジテレビの移転というタイミングに合わせて制作されたのである（放映期間は九七年一月〜三月）。

青島巡査長が所属する湾岸署は、本庁や近隣の警察署からは「空き地署」と呼ばれている。事件どころか、そこで生活を営む人間すらろくにいない場所ばかりパトロールする警察署であると警察仲間からは揶揄されているのだ。

現実の警察の区分を見ると、このお台場一帯は、元々警視庁第一方面に属する東京水上署の管轄だった。墨田区から品川までの臨海地域の治安を担当していたのが水上署である。しかし、二〇〇八（平成二〇）年三月をもってその水上署は廃止。そして、ドラマの舞台と同じ名である、「湾岸署」が設置される。現実の警察行政がドラマでのネーミングを後から追従したのだ。

『踊る大捜査線』のドラマのオープニングで流れるタイトルバックには、青島が湾岸署にたどり着くまでの、お台場の街並みが映し出されていた。ここに映っているのは、まさに空っぽの街だった。

青島は、新交通システムゆりかもめの東京テレポート駅から、センタープロムナードと名づ

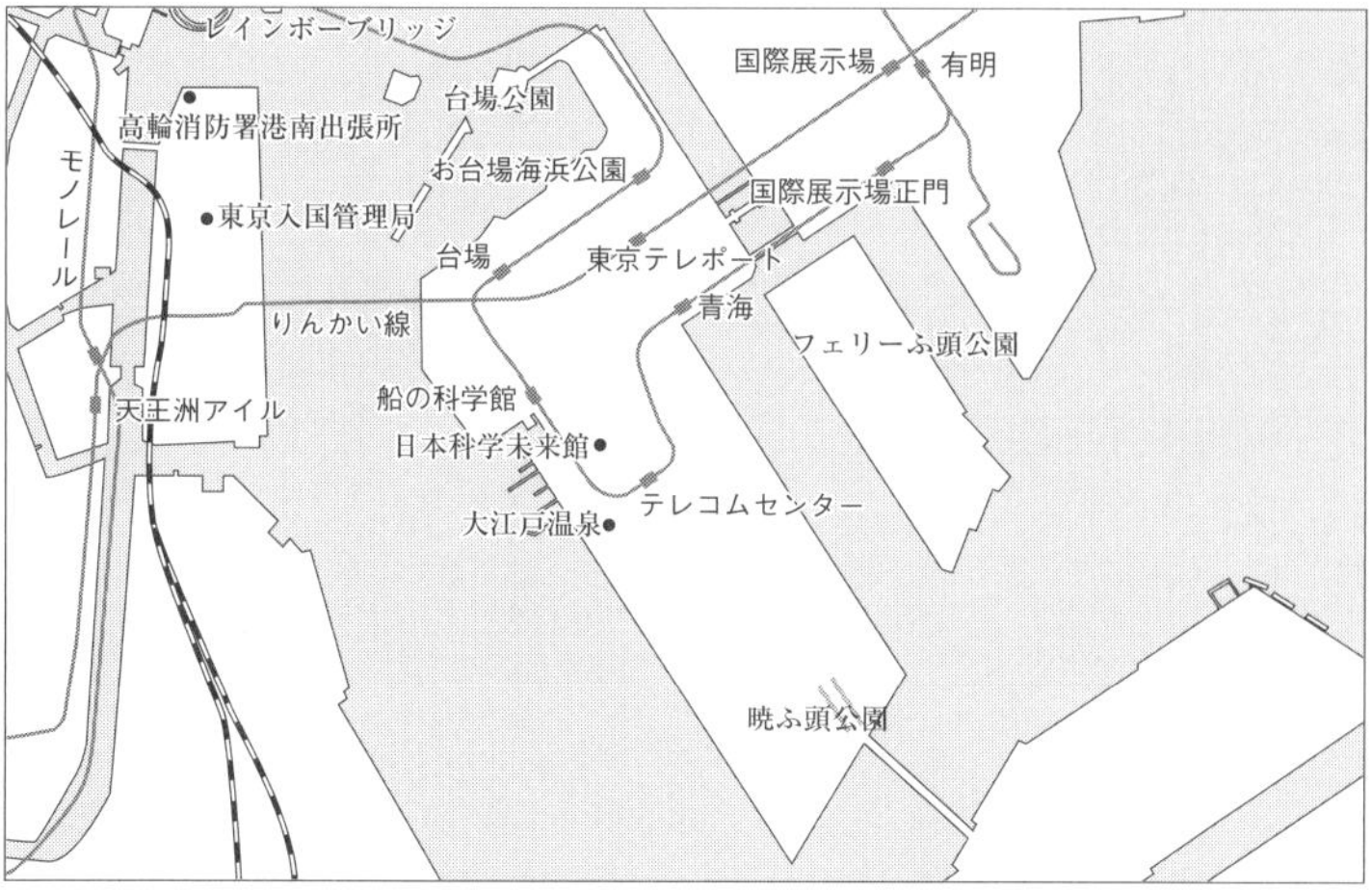

現在のお台場全域マップ

開発途中のお台場周辺（1999年10月）　©時事通信フォト

けられたお台場の真ん中を通る緑道を抜け、まだ空き地だらけの区画を署に向かって歩く。まだ、開発途上であるこの当時のお台場には、その年に移転したばかりのフジテレビ以外、目を見張るランドマークとなり得るような建物はほぼ存在しない。

一九九七年当時のお台場は、実際に厖大な空き地に囲まれ、まさに都市計画の失敗という屍をさらしていたような場所だった。湾岸署の署員たちが「空き地署」と呼ばれているという設定は、なにもない土地に越してきたフジテレビの社員たちの心情そのものでもあったのだろう。

臨海副都心計画の発端を探ると、一九八五（昭和六〇）年の「東京テレポート構想」に遡ることができる。東京を新しい時代のビジネス拠点としてアップデートする必要性について検討する委員会が発足、船や飛行機のための港ではなく、情報化時代の港という意味での「テレポート」という発想である。この計画は、当時のニューヨーク、マンハッタンの金融街をモデルとしたものだった。具体的には、都心に近い場所に衛星通信地球局、テレコムセンター、インテリジェントビル群の三点セットを用意し、世界中から情報・金融産業の拠点を誘致し、国内大企業の本社移転も促すといった内容が記されている。

その背景となったのは、当時の東京都心における深刻なオフィスの供給不足だった。

一九八〇年代中頃の東京都心におけるオフィス空室率は、〇・二パーセント前後。この時代のニューヨーク・ミッドタウンでも、八パーセント程度の余裕はあった。同じ東京で比較をしてみると、二〇〇八年のリーマンショック以前の好景気時で、三パーセント台。これらの数字と比較するだけでも、〇・二パーセントという数値がいかに異常かがわかる。

一九七〇年代から「副都心計画」に手が付けられ、そこから一〇年で、東京の都市機能は再び悲鳴を上げ始めたということになる。そこで、東京湾臨海部にぽっかり空いていた埋立地を活用する案が浮上。翌一九八六年の「第二次東京都長期計画」において、東京湾の臨海地域を第七番目の副都心とすることが決定。具体的には、埋立一三号地（お台場）や天王洲、芝浦、汐留などの地域であり、のちに「臨海部副都心開発計画」へと発展する。

ただし、この東京の未来を見据えた計画は、最悪のタイミングでスタートすることになる。

臨海副都心の発展を妨げた二つの出来事

「臨海部副都心計画」の第一期で公募が行われたのは青海、お台場、有明の業務・商業用地全一八区画。これらの土地は、分譲ではなく、長期貸し付けという形で事業者に権利が貸与されることになった。そこでの事業を希望する各企業が建築計画、経営計画を提出することとなり、一区画当たり約六倍という高い競争率の総勢一〇八件の応募があった。

公募の経緯に問題はなかった。問題は、抽選のタイミングである。抽選結果が発表されたのは一九九〇（平成二）年一一月、この直後にバブル崩壊が訪れた。

一九九一年が明けると不動産関連の大型倒産が続き、東京の地価は急速に下落。ほんの数年前までは圧倒的に不足していたと思われた都心部のオフィス需要の状況も急転し、中止が相次いだ。

こうした経済状況の悪化に伴い、臨海副都心の事業用地の審査に当選した企業の多くも建築計画や事業計画の大幅変更を余儀なくされる。事業計画の見直しや撤退が相次ぎ、当時の臨海副都心開発に絡む有利子負債は五〇〇〇億円に達した。

住友商事グループが手がけたデックス東京ビーチは、『踊る大捜査線』のドラマ内でも幾度となく登場するお台場を代表するショッピングモール施設である。ここには、計画の当初においては百貨店の伊勢丹がキーテナントとして入る予定だったが、バブル崩壊によって計画は白紙撤回された。最終的に、伊勢丹の替わりにセガのアミューズメント施設がキーテナントにおさまる。だが、このキーテナントの変更により、その他のテナントも若者向けに方向転換が必要となった。

フジテレビのお台場への移転にも、社内からは反発の声が上がったという。そもそも移転案に対する評判は最悪だったようだ。空き地ばかりで交通の便も最悪な場所に、なぜ移転する必要があるのかと。しかし、フジテレビの社屋移転はその臨海副都心計画の目玉でもあり、いまさら変更は利かないものだった。

臨海副都心計画の持ち上がった時代、サンケイグループ会議議長だった鹿内信隆は、東京都知事鈴木俊一と懇意にしていたことから、移転の話は具体的なものとして進められていた。

『メディアの支配者』において鹿内家三代のフジサンケイグループの権力闘争を描いたジャーナリストの中川一徳は、鹿内信隆がその事業を「自身に課した最後の大仕事」と認識していたと指摘している。

臨海副都心計画の失敗の原因の一つは、バブル経済の崩壊だったが、もう一つの計算違いは、一九九五年（のちに計画は一年先送りになる）の開催が決まっていた世界都市博覧会（以下、都市博）の中止である。

海外の四六都市、国内一二二の自治体、一二二の企業グループらが参加し、未来の都市生活を予見する研究やシミュレーションの展示、多くの体験型のアトラクションなどが企画されていた都市博は、臨海副都心計画を軌道に乗せるために企画されたものである。これは単なるお祭り騒ぎではなく、これを契機とした大規模な都市インフラ整備、ネットワーク時代を予期した共同溝工事などを行うという性質のものでもあった。だが、この都市博は開催まで一年を切った一九九五年五月に中止が発表される。この決断を支えたのは、ほかでもない東京都民である。

一九九五年の東京都知事選挙に、参議院議員の青島幸男が突然、都市博中止の公約を掲げて立候補する。一方、臨海副都心計画の生みの親で、都市博の提唱者でもあった鈴木は、この選挙には立候補することなく引退を表明する。

選挙では、無所属で都市博中止を訴えた青島の下馬評は高くはなかった。最も有力視されていたのは、自民、公明、社会党が相乗りした石原信雄である。だが、蓋を開けてみれば、当選したのは、選挙カーなどによる選挙活動を一切しなかった青島だった。

すでに開催まで一年を切り、テーマパビリオンの工事はすでに着工され、多くのイベントの企画はすでに発注済みだった都市博をこのタイミングで中止するのは困難だった。

だが、四月に初登庁した青島は、すぐに都議会議長に対し中止のための協議を伝える。ただし、中止にすることで生じる損失の予想額は、損害賠償が含まれ、開催の予算よりも高く付くとされていた。前売りの入場券も二六〇万枚、約五六億円相当も売れていたという。

都議会は圧倒的多数で都市博の開催続行を可決した。だが青島は都議会の決議をひっくり返し、都市博の中止を決定する。以後、都議会に反青島の勢力を生み出し、役人任せの「無責任」のまま業績を残すことなく任期を無駄に過ごしたというのが、都知事としての青島への評価である。

空き地だらけの街からインバウンドの中心地へ

都市博中止、反鈴木都政、そしてお金をかけない選挙戦の戦略。青島は、「体制」への批判を訴えることで都民の支持を得た。当時の選挙で青島を支持した都民たちは、バブル経済期の地価暴騰や地上げなどの原因となった無秩序な都市開発に対してノーを突きつけたのだ。しかし、その結果が望ましいものではなかったのは明らかだ。

「都知事と同じ名前の青島です」。これは『踊る大捜査線』のなかで青島刑事が自己紹介をするたびに繰り返し使っていた台詞である。もちろんこれは、お台場をフジテレビの社屋だけがぽつんと建つさびしい場所にした張本人＝青島幸男に向けた皮肉の言葉だったのだ。

『太陽にほえろ！』において、反体制の色が強かった若者の街がビジネス街になっていくという変化、そして同時代の反抗的な若者たちが社会という体制の中に回帰していった時代と連動するようなテーマとして若い刑事が大人の刑事の中で葛藤するドラマが描かれた。背景と物語は、驚くほど寄り添ったものだったのだ。これは意図したものというよりも、その時代の状況と社会変化を描く上での必然としてそうなったというべきだろう。

このように、社会や街の変化と寄り添ったものとして『踊る大捜査線』というドラマを読み解くことはできるだろうか。難しくはあるが、ドラマの中身とお台場の発展は無関係ではない。

何もない場所に新しい都心をつくってしまうという大それたプロジェクトが、あれよあれよとアクシデントによって当初思い描いていたものと違うものになっていったというお台場の都市計画の変遷は、確かにまさにお役所的な警察組織のドタバタと機能不全を描いたドラマの中身と似ている部分はある。私利私欲しか考えない無能な上司が現場の混乱をもたらすというのは、『踊る大捜査線』で繰り返されるモチーフだが、都市博中止の顚末はまさにこれに近い。

さて、〝都市計画が失敗した街〟としてドラマで描かれたお台場の街は、放映後どのように変化したのだろう。

その変貌は、ドラマ版から六年後、最初の劇場版から五年後に続編として製作された、劇場版二作目『踊る大捜査線 THE MOVIE 2 レインボーブリッジを封鎖せよ！』で描かれている。

二〇〇三（平成一五）年に公開された劇場版二作目のオープニングは、ドラマ版の第一話目同様、青島刑事が東京テレポート駅から湾岸署まで歩く場面から始まる。

もはや、その道にはかつての空き地だらけのお台場の面影はなく、人でごった返している。旗を持ったバスガイドを先頭にした団体観光客の姿も見えるし、湾岸署の一階受付は観光案内所になっている。受付の婦警が青島に声をかける。

「最近は観光案内ばっかりで」
「街変わっちゃったもんねえ」

この冒頭での会話がこの作品のテーマを示している。

劇場版二作目に登場する犯人グループは、このお台場の街の変化を逆手に取るクレバーな集団である。

お台場の街を逃げ回る犯人たちは、お台場に点在する工事現場を根城にし、まだ開通していない通路や街路を使って逃亡を図る。事件のために設置された特別捜査本部は、逃走経路をふさごうとするも、この街にはまだ地図に載っていない開通間もない橋やトンネルがたくさんあり、それもままならない。土地勘のない本庁の捜査員たちによって構成される特別捜査本部は、変貌するお台場の街自体に翻弄され、犯人を取り逃がすのだ。

この間、たった五年。臨海副都心への来訪者数は、一九九八年（集計開始年）の二五一〇万人から、二〇〇三年には、四一八〇万人に増加。二〇一四（平成二六）年には、五五四〇万人にまでふくれあがっている。

特に近年は、訪日観光客の増加に伴う来訪者が目立つようになっている。銀座、浅草などの歴史を持つ街が外国人観光客が訪れる名所となるのは理解しやすいが、まったく歴史のないお台場の街が観光スポットとして人気を集めたという事実は興味深い。

『踊る大捜査線』は、官僚組織の中で思い通りには動けない青島が、のちには警察組織も悪いばかりではないと感じ始め、その窮屈な組織の中で自分の役割を見つけていく物語でもある。お台場も、当初の計画、つまり都心機能を集中させ、あらたな「副都心」としての発展が望まれていた都市計画とは随分違う形にはなったが、街としては発展を遂げた。ままならない中にも街は育ち、住む人々の間にも生活が生まれていくというのが都市である。

お台場は、もはや失敗した都市計画の街ではなくなったのだ。

第三章

東京のランドマーク変遷史

——東京タワーからスカイツリーへ

東京β

TOKYO BETA

江戸の騒々しさが残る浅草六区の塔

現在の東京には、東京タワーと東京スカイツリーという二つの巨大タワーが建っている。この二つの塔が、都市のランドマークとして同時に存在しているのは、少し奇妙ではある。

パリのシンボルであるエッフェル塔が完成したのは一八八九年のこと。当時、これを設計したエッフェルは、人類が近い将来、鉄でできた住居に住む時代が到来するだろうと予測し、鉄でエッフェル塔を建造し、自らその中で生活をするという試みを実際におこなった。

エッフェル塔が鉄の住宅という近代化を象徴した塔であるように、都市のランドマークからは、それが誕生した時代の特性やランドマーク自体が持つ象徴性を見出すことができるはずだ。

東京タワーは、テレビ放送が始まった時代に、テレビの電波塔として誕生した存在であり、電気メディア時代の象徴として見ることができる。だが、東京スカイツリーは、衛星などで難視聴地域の対応も可能な時代にあそこまでの巨大な電波塔は必要がないという意見も聞こえていた。東京スカイツリーは何の象徴なのだろう?

ここでは、時代を追って東京に誕生したランドマークである「浅草十二階」「お化け煙突」「東京タワー」「東京スカイツリー」という四つの「塔」に注目し、それらが登場した時代とそれがつくられる必然性、そしてそれらの塔が象徴するものが何であるかを探索してみたい。

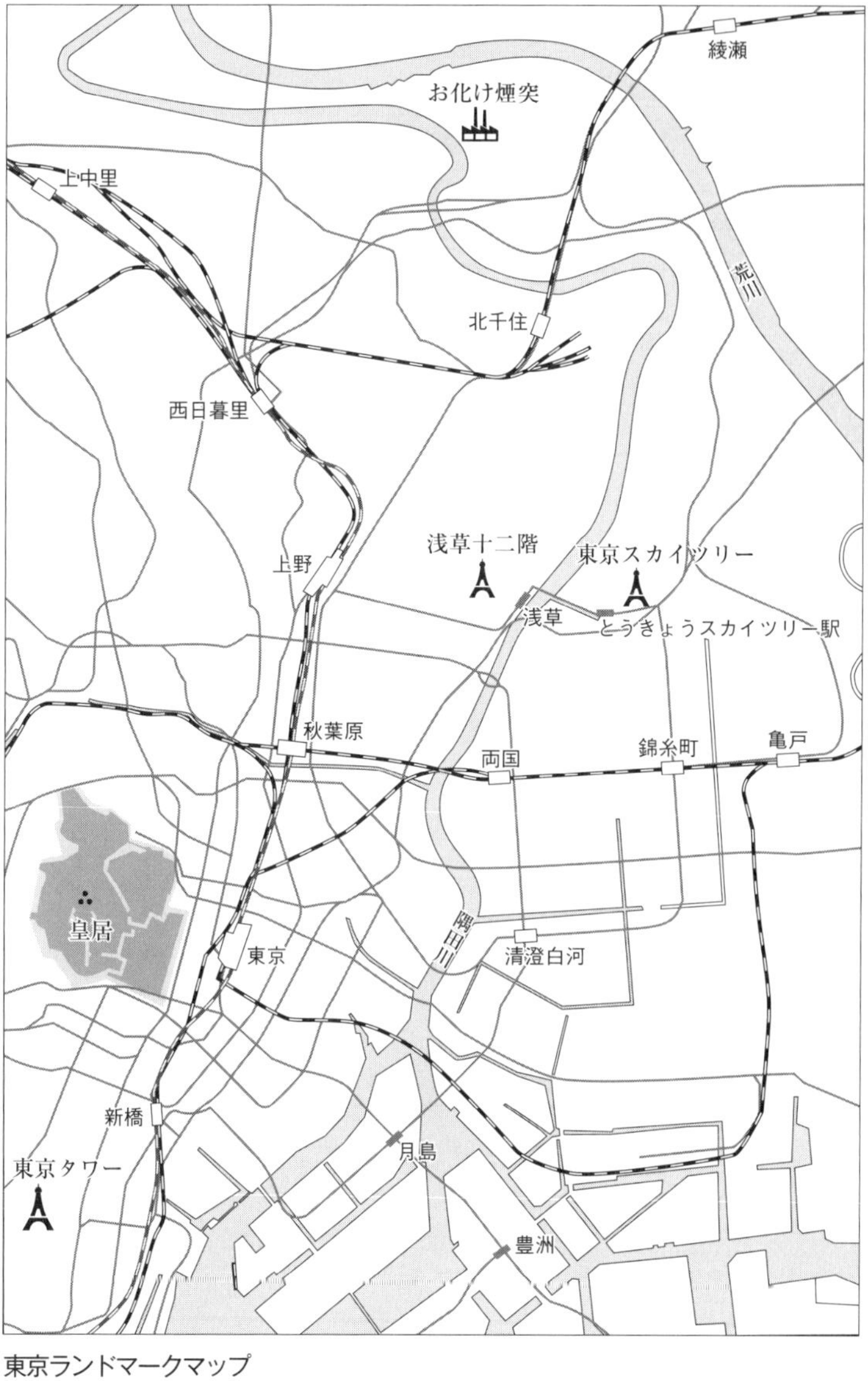

東京ランドマークマップ

浅草十二階（細馬宏通『浅草十二階』より）

明治時代の東京におけるランドマークは、エッフェル塔完成の翌年に当たる一八九〇（明治二三）年に完成した浅草凌雲閣《りょううんかく》、通称「浅草十二階」（以下、十二階）である。

この建物は、当時では圧倒的な五二メートルという高さを誇っていた。ただし、規模で言えば、竣工当時三一二・三メートルだったエッフェル塔の約六分の一と小さなものにすぎなかったのだが。

この浅草十二階が建てられたのは、ひょうたん池のほとりで、「浅草公園六区」（通称浅草六区、現在の台東区浅草二丁目）に隣接した場所。浅草六区といえば、見世物小屋である。玉乗り、剣舞、生人形（精巧な等身大の人形による劇）などの出し物や曲芸だけにとどまらず、妖しげな蜘蛛男やろくろ首といったゲテモノ趣味の催しなども人気を集めていた。

明治から大正にかけての浅草は、江戸時代の猥雑さを残した庶民の盛り場だった。六区という区分けは、一八八四（明治一七）年に始まった浅草寺境内の整備事業によって生じたものだ。このときに浅草公園は、一区から七区までの七つの地域に分けられた。

『都市のドラマトゥルギー——東京・盛り場の社会史』の著者である吉見俊哉は、「江戸以来の見世物性をなるべく除去」しようという整備事業の趣旨の下、見世物小屋を「付属地」に「封じ込め」たのが「六区」だったと説明する。浅草の公園整備の目的は、浅草を近代的都市化させようという趣旨のものだったが、浅草の近代化とは相容れない猥雑さが、人混みを生んでいたのである。

乱歩の小説に登場する凌雲閣

江戸川乱歩の小説「押絵と旅する男」には、浅草十二階が登場する。この短編が発表されたのは一九二九（昭和四）年、その六年前の一九二三（大正一二）年の関東大震災によって十一階は半壊し、爆破して解体されている。本小説は、実物がすでに存在していない時代に書かれたものだ。

男は、富山の魚津に蜃気楼を見た帰りの汽車で向かいに座った「魔術師のような風采」の男から身の上話を聞く。その魔術師風の男は、自分が若い頃、まだ浅草十二階ができて間もない時代に起きた出来事を話し始める。

男は日本橋の呉服屋の息子である。彼には兄がいるが、いつもふさぎ込んでいる。兄は、毎日どこかへ出かけていく。あるとき、男は兄の後をつけてみた。

呉服屋があったのは、日本橋。日本橋は、当時の商業の最大の中心地であり繁華街である。日本橋通りを上野行きの馬車鉄道に乗る兄を、男は人力車で追いかけた。そして、上野から浅草までは歩いた。そんな尾行の末にたどり着いた先が凌雲閣、つまり浅草十二階だった。兄は、そのてっぺんまで薄暗い階段を昇っていく。浅草十二階には、日本初の電動式エレベーターが設置されていた。設置したのは、当時、まだ電力事業を始めて間もない「東京電燈」である。

『浅草十二階――塔の眺めと〈近代〉のまなざし』の著者である細馬宏通は、「浅草十二階は電燈会社にとって格好の宣伝の場」だったと指摘する。浅草十二階が建てられた理由は、エレベーターの宣伝のためだった。さらに言えば、東京電燈は、電気の一般需要を増やし、ビジネスとして拡大させるためには、電気のある生活を世間に知らしめる必要があると考え、この体験のための場所としてこれを建設したのである。

だが、利用者にとってはあくまで浅草十二階は、眺望を見るための塔だった。一〇階から上の階は、展望室になっており、最上階の一二階には望遠鏡が備えてあった。小説の中では、展望台からの眺望はこう記される。

雲が手の届きそうな低いところにあって、見渡すと、東京中の屋根がごみみたいに、ゴチャゴチャしていて、品川の御台場が、盆石の様に見えて居ります。目まいがしそうなのを我慢して、下を覗きますと、観音様の御堂だってずっと低い所にありますし、小屋掛りの見世物が、おもちゃの様で、歩いている人間が、頭と足ばかりに見えるのです。

浅草から品川はずいぶんと遠いように思うが、まだ高層建築物がない当時は、五二メートルの塔を遠くから眺めることができた。まさに東京のランドマークだったのだ。

男は、兄に浅草十二階に通う目的を問いつめる。兄が言うには、かつてここから遠眼鏡で見た美しい娘が忘れられず、毎日毎日展望台から遠眼鏡で娘の姿を毎日探すようになったのだという。そして、兄はこの日、ついに件の娘の姿を探し当てた。二人はあわてて石段を駆け下り、目印の松の木の下へ行くと、そこでは露天の「からくり屋」が商売をしているだけで、娘の姿はなかった。だが兄は、その娘を見つける。その娘は、からくり屋の「覗き絵」の中にいた。兄が境内で見た美しい娘の正体は、「覗き絵」の中の押絵《おしえ》だったのだ。

だが兄は、あきらめきれない。そして、弟に頼み事をする。遠眼鏡をさかさにして自分を覗いてくれというのだ。実際にそうすると、不思議なことに兄は「二尺」くらいのサイズになって押絵の中に入ってしまった。「魔術師のような風采」の男は、この押絵を持って旅をしているのだという。

視覚メディアの発展の象徴としての浅草十二階

冒頭の蜃気楼、汽車の窓から眺める能登半島の森林、汽車で会った男が持っている不思議な絵、浅草十二階の展望からの風景、からくり屋の覗き絵といった具合に本小説には、多くの夢とも幻ともつかない視角イメージがいくつも登場する。

それらは、どれも別の視角装置を通したものである。汽車の窓から見た景色も、交通テクノロジーとガラスという技術が織りなすメディア映像である。浅草十二階の展望室も、高所からの視野というテクノロジーが実現したメディア映像なのだ。人が自分の目で見ていると感じる視覚情報の多くは、実際のところ装置＝テクノロジーを通して得られたものでしかない。そしてそれは、夢や幻と同じようなものである。

浅草十二階は、電気のある生活を庶民に知らしめる広告塔であり、眺望という「見世物」を見せるための映像メディアだった。だが、実際のところ、目玉のはずだったエレベーターは、安全上の問題点から、すぐにサービスを停止。また、高いところからの眺望という目玉も、すぐに飽きられてしまったという。

明治末期には、外壁に巨大な広告看板が貼られ、文字通り広告塔としての役割が、経営的にも重要な存在になったという。見るためのメディアだった展望塔は、のちに見られるための広告看板に変わった。

当初、見世物小屋街だった浅草六区界隈も、一九〇七（明治四〇）年辺りを機に急激に変化する。吉見は、こうした変化と日本の経済体制、産業構造の変化の一致をこのように指摘している。

日本の資本主義が急激な展開を遂げていく明治四〇年代、それまで浅草にひしめいていた見世物群は、ちょうど手工業が工場での機械生産に圧倒されていくのと同じように、活動写真という新しい娯楽形態に圧倒されていったのだ。（前掲書）

見世物小屋に変わって登場した「活動写真」とは、つまり映画のことだ。浅草十二階からの眺望が飽きられたのも無理はない。映画という、視覚メディアの質が急速に普及する中で、毎日同じ眺望を見せるだけの展望塔は、役割を終えたのだろう。

からくりの覗き絵から活動写真へ。そう考えると浅草十二階は、テクノロジーによって視覚メディアが急速に発展し、大衆娯楽を大きく変えた時代を象徴するタワーだったのだ。

見世物小屋から活動写真へと娯楽が変わった前後から、浅草十二階の周辺には、表向きは新聞縦覧所、銘酒屋、絵草紙屋などの形態をとった娼家が増え始め、「十二階下」と呼ばれる私娼窟が形成されていく。当時の公娼として有名な吉原も、この辺りにあった。五社英雄監督の映画『吉原炎上』（一九八七年）で描かれた一九一一（明治四四）年の大火の際は、十二階の展望室からその様を見ようとする人々が押し寄せたという。その頃の吉原は格式が高く、遊女と遊ぶにも段階を踏む必要があったが、「十二階下」はもっと気楽に、安く遊べる場所という役割を担っていたようだ

吉見は『都市のドラマトゥルギー』の中で、当時の浅草に集っていた人々の社会階層について、おおよそ以下のように考察している。「〈浅草的なるもの〉」を構成していた人々とは、明治末期から大正にかけて下町一帯に集中していった「都市下層民」であった。彼らは、貧した地方から東京に仕事を求めて来た流入者たちで、「日雇・土方から車夫・運送業」など多様な職種から構成されていた。当初は東京全域に点在していた彼らは、明治の中頃から「下谷・浅草区」に集まりだし、明治の後半から次第に「本所・深川区」といった下町に集中して住むようになり、「貧民窟」を形成したのだ。そんな彼らの娯楽を一手に担っていたのが、当時の浅草だったのだ。

電化時代のランドマークの変遷

明治期から大正期にかけて、東京随一の賑わいを見せていた浅草の凋落は、一九二三（大正一二）年の関東大震災の直後から急速に進む。十二階は地震を機に倒壊、その真下に広がって

いた私娼街は近くの玉ノ井に移転した。六区を代表する文化の一つだった浅草オペラも人気を失い、街全体の活気が失われていった。

当時の本所や深川などの「貧民窟」の住人たちの生活も、明治から大正にかけて大きく変わっていく。第一次世界大戦を機に、日本は造船業などを中心とした産業の急速な発展期を迎え、本所、深川周辺は、工場地帯として急速に発展していった。これまでは多種多様な雑業に就いていた「都市下層民」の多くは、工場労働者となって東京下町の産業化を下支えする存在になっていく。

浅草十二階なき東京の新しいランドマークは、こうした産業の変化を象徴するものだった。東京電燈の千住火力発電所の四本の巨大煙突、通称「お化け煙突」が完成したのは、一九二六（大正一五）年のことである。

この煙突は、すでに第一章でも取り上げたが、十二階からは、ほぼ真北に五キロくらいの場所（現在の足立区千住桜木一丁目）に立っていた。煙突の高さは、八三メートルだった。浅草十二階よりも高かったので、ランドマークとして機能したことは間違いない。

当時、この火力発電所が建てられた千住の川岸は、葦《あし》で覆われた原っぱだったという。隅田川、荒川沿いの地域、いわゆる城東地区は、大正時代に急速に増えた零細工場が建ち並ぶ地域である。当然、千住火力発電所は、この地域一帯への電力供給を担う存在であり、「常用発電力が不足したときの補給火力や予備としての役割を担った」（姫野和映『お化け煙突物語』）ものであったという。

浅草十二階ができた頃にはまだ一般家庭には電気が普及していなかったが、徐々に電気は、一般家庭においても欠かせないものになっていった。

家庭の電灯普及率は、一九〇七（明治四〇）年の二％から、二〇年後の一九二七（昭和二）年には八七％まで急上昇した（東京電力・電気の史料館）。一九一六（大正五）年には、東芝の前身である芝浦製作所が扇風機の大量生産を開始するなど、家電の時代がこの頃からすでに始まっていたのだ。

お化け煙突が描かれた下町映画

大正末期に操業を開始し、太平洋戦争では空襲の被害を受けなかったお化け煙突は、戦後の復興期から高度経済成長期前半（一九五三〜六三年頃）に作られた映画によく登場していた。

一九五三（昭和二八）年の五所平之助監督作品『煙突の見える場所』では、冒頭に煙突の姿が象徴的に映され、騒々しい下町での生活が描かれる。

田中絹代、高峰秀子という名女優が出演。彼女たちが演じる二組の夫婦・同棲男女は、同じ下町の一軒家の一階、二階で生活を送っている。近所のラジオ店のラジオの音に始まり、工場の騒音、お経の声と、ここでの暮らしの中では、とにかく騒音が鳴り止まない。

『煙突の見える場所』

急速な都市化を背景とした下町の手狭な住宅環境、さらには工業化、マスメディアの登場による人々の生活の変化が織り込まれた気忙しいコメディである。煙突は、こうした下町の象徴として画面に登場するのだ。

お化け煙突が存在していた一九二六〜六四年とは、太平洋戦争を挟んではいるが、戦前には主に機械生産の軽工業、戦後は重工業の発展がめざましかった時代である。

東京では、葛飾区・墨田区・江東区・江戸川区といった界隈を城東地域と呼ぶが、この辺りには下町と呼ばれるような地域が広がっていた。それらは具体的には小規模の工場とそこで働く人たちの町の近くに形成されていった個人経営の店舗、商店街で構成される町のことである。

一九六〇年代の青春映画には、下町を舞台としたものが多かった。再び、お化け煙突が登場する映画を取り上げよう。吉永小百合主演の映画『いつでも夢を』（一九六三年）は、看護師をしながら夜学に通う少女を主人公とした下町の物語だ。

工員の浜田光夫と工場の運転手である橋幸夫は、吉永を慕う恋敵同士である。浜田はサラリーマンになることを夢に持ち、夜間高校にも通っている。空気の悪い下町から出るには、工員を辞めて会社員になるほかないのだ。そんな貧しい彼らの日常を見守るように、お化け煙突はそびえ立っている。

あるとき橋と吉永は、橋の母親の東京見物を兼ねて東京タワーに上る。ここの展望室から彼らが住むお化け煙突がある方向を眺めるシーンが印象的である。

お化け煙突と東京タワー。この二つのランドマークが同時に東京に存在していたのは、東京タワーが誕生した一九五八（昭和三三）年からお化け煙突が取り壊された一九六四（昭和三九）年までの短い期間にすぎない。本作は、お化け煙突の実物がスクリーンに映る最後の映画と言われている。

サラリーマンになって下町での生活から抜け出したいという浜田の夢は破れる。彼は就職試験に落ちてしまう。それでも彼は悲観しない。浜田は下町での生活に喜びを見出し始めていた。日本がホワイトカラー中心のサラリーマン社会へと移行しようとしていた時代に、下町の側の青春を描いた作品である。

お化け煙突が象徴していたのは、その役割からもわかるように電化時代の東京の発展と言えるだろう。それは、工業化の時代と重なるものである。だが、煙突のある風景となると、それはそこに従事する下町の人々と結びつかざるをえない。お化け煙突が象徴したものとは、下町の人々の生活そのものである。

芝公園に建てられた総合電波塔

高さ三三三メートルの東京タワーが完成したのは一九五八（昭和三三）年。戦後、電気炊飯器や冷蔵庫といった家電の普及がひと通り進むと、今度は娯楽の道具であるテレビが家庭へと浸透していく。その新時代を象徴する電波塔＝東京タワーが、新しいランドマークとして、高度成長を成し遂げる日本経済の中に君臨するのである。

東京タワーの建設計画が持ち上がったのは、日本のテレビ放送開始から二年を経た一九五五（昭和三〇）年頃のこと。すでに放送を開始していた日本放送協会（ＮＨＫ）、日本テレビ、ラジオ東京（現・ＴＢＳテレビ）に加え、新たにＮＨＫ教育テレビや富士テレビ（現・フジテレビ）、日本教育テレビ（現・テレビ朝日）の参入が決まった。

それまでは各放送局が個々にテレビ用の電波塔を持っていたが、各局の電波を統一して総合電波塔から発信したほうが効率がいいという結論にたどりつく。

その意見をまとめる形で登場したのが前田久吉である。産経新聞、大阪新聞の社長を務め、のちに関西テレビの社長となる前田は「新聞界の風雲児」と呼ばれていた。関西の前田は、東京のどの局の立場にも偏らない第三者の立場に立ち、一九五七(昭和三二)年に電波塔の管理会社である日本電波塔株式会社を設立。東京タワーの建設計画を実行に移す。

総合電波塔の建設候補地は、最初から芝公園に決まっていたわけではない。当初検討されていたのは上野公園だった。だが上野の土壌は三〇〇メートルを超える高層の建築物を建てるには、湿気を帯びすぎていた。そこで代替案として挙げられたのが芝公園の現在の土地である。この時に重要視されたのは、海抜一八メートルという標高だったという。放送電波を発する場所として、高いほうが適していたのだ。

芝公園は、元々徳川家の菩提寺である増上寺の境内だった。その土地が明治になり割譲され、大部分は芝公園となった。また戦中のこの辺りは空襲の被害で焼け野原となった場所でもある。東京タワー建設時には、再び増上寺の土地(墓地)の一部が提供されてもいる。もし当時、東京タワーの建設場所が上野公園という最初の計画で貫かれていたら、その後の東京の発展は違うものになっていたはずだ。

『ＡＬＷＡＹＳ 三丁目の夕日』で描かれた建設途中のタワー

二〇〇五（平成一七）年に公開された映画『ＡＬＷＡＹＳ 三丁目の夕日』の舞台は「夕日町三丁目」という架空の町である。この夕日町三丁目は、東京タワーのお膝元に位置するが、都心の住宅街ではなく、騒々しい商店街といった風情である。映画の舞台は、高度経済成長が始まろうとしていた矢先の一九五八（昭和三三）年である。

町の人々は、おせっかいで騒々しくはあるが、和気あいあいと暮らしている。様々なトラブルが起こるが、近隣の住民同士で助け合いながら切り抜けていき、嬉しいことも近隣の皆で分かち合う。この映画の登場人物の一人である堀北真希演じる六子《むつこ》は、中学卒業後に青森から集団就職列車に乗って上京し、この町の自動車修理工場、鈴木オートに住み込みで働いている。

この時代の東京は、急速な人口増加・都市化のさなかであった。当時の流入者の多くは、六子のように中学を出て東京で就職するために集団就職列車に乗ってやって来た若年地方出身者たちである。

六子は、東京の大きな自動車メーカーに就職したつもりだったが、鈴木オートが町の小さな自動車修理工場でしかなかったことに失望していた。しかし、修理工場での仕事や町の人々とのふれあいを経て、次第にその仕事や生活に喜びを見出していく。六子同様、この物語の登場

完成した当時の東京タワー（1958年12月）　© 毎日新聞社／時事通信フォト

人物たちはみな、貧しいながらも未来に希望を見出す人々として描かれている。

　多くの観客を動員した本作には、「昔はよかった」と感じる世代の支持を集めた一方、過去を美化しすぎているという批判も寄せられていた。昔だからといっていいことばかりだったとは限らない。貧困家庭の割合も凶悪犯罪の件数も現代よりも遥かに多かった。

　本作が一九五八年を舞台にした理由は、この年が東京タワーの完成年であるからだろう。映画冒頭では、コンピューターグラフィックスで再現した建設途中の東京タワーの姿が映し出される。原作の漫画のエピソードをオムニバス的につなげた群像劇である本作を一つの物語として結びつけたのは、最後の場面に出てくる東京タワーだ。いつの間にか完成していた東京タワーを家族が見上げる。日本人が心を一つにして成し遂げた戦後復興を象徴するモニュメントとして東京タワーは『ALWAYS 三丁目の夕日』で描かれた。

東京プリンスと永山則夫事件

東京タワー完成後の東京は、引き続き順調な都市化を遂げていく。東京の都市化と地方からの人口流入を象徴する事件を取り上げてみたい。

一九六八年（昭和四三）一〇〜一一月にかけて起こった連続射殺魔事件として知られる「警察庁広域重要指定一〇八号事件」である。この事件は、高級ホテルの敷地内で始まった。犯人の永山則夫は、犯行当時、まだ未成年の一九歳だった。

永山は、中学卒業後、青森から上京して働き始めた集団就職の一員だった。彼の上京は、一九六五（昭和四〇）年。『ALWAYS 三丁目の夕日』で描かれた時代から七年後のことではあるが、中卒、青森、集団就職というキーワードは、この堀北が演じた六子と重なっている。

永山が上京する前年には、東京オリンピックが開催された。海外からの観光旅行客の増加に備え、国際的に通用するホテルの建設が急務とされたが、東京プリンスホテルが完成したのも、五輪開会式の約一カ月前の一九六四（昭和三九）年九月のことだ。東京タワーの真下に作られた東京プリンスホテルは、当時西武グループの中でも最高級に位置づけられたホテルだった。

渋谷のフルーツパーラーに就職した永山は、半年でそこを辞め、短い期間で職を転々とするようになった。当時の就職市場は、とにかく人手が足りないという売り手市場。物価の上昇も激しく、求人募集に書かれている給与の額もどんどん高くなっていった。特に六子や永山のような中学卒の働き手は、当時急速に勃興していたサービス業の安価な担い手として重宝され、「金の卵」と称されていたのだ。

あるとき東京タワーの展望台に上った永山は、タワーの真下にある豪華なホテルのプールの存在を知り、いつかそこに足を踏み入れてみたいと考えた。

一九六八年一〇月一一日、渋谷の西武百貨店の隣にあった映画館のオールナイト上映を観た永山は、渋谷から東京タワーのある芝公園まで徒歩で歩き、かつてタワーから見下ろしたホテルのプールに忍び込んだ。そこで彼は、最初の犯行に及んでいる。

永山は、拳銃を横須賀で米兵の車から盗み出した。その拳銃を手に入れたことで永山の地道だった人生は豹変する。夜中に忍び込んだ豪華ホテルのプールサイドで遭遇したガードマンの頭部に、二発の銃弾を撃ち込んだ。この殺人を皮切りに、永山は全国を逃走し、京都、函館、名古屋と逃避行の先で新たな殺人に手を染めていく。

永山が唐突に見える殺人を犯した動機はどのようなものだったのか。

ちなみに、永山が捕まる前、当時のマスメディアには連続射殺魔事件の犯人の動機を想像する記事が多く登場した。

遺留品として彼が残したハンカチ、ジャックナイフはともにアメリカ製。犯行に使われた拳銃は、西ドイツ製の二二口径レームRG10型。当時、犯人像について『平凡パンチ』は、アメリカ留学帰りの富裕層の子弟と推理した。同様に『週刊朝日』では、裕福な「ガンマニア」の快楽犯罪を想定していた。

だが実際に捕まった永山の人物像は、その正反対だった。逮捕後の供述で永山は、自分の犯罪の理由を貧しさと結びついたものと話してる。ギャンブル好きの父親は永山の幼少時に失踪、母親と兄弟姉妹八人での生活は、困窮を極めるものだった。小学校の頃より新聞配達に明け暮れていた永山の幼少時代は確かに同情の余地がある。

だが永山が吸っていた煙草は、〝洋もく〟のポールモールだった。見栄っ張りな性分だったことは、当時の永山を知るものたちの間ではよく知られていた。東京タワーに来て、高級ホテルのプールに足を踏み入れてみたいと考えたのも、こうした性格から生まれた行動なのだろう。

『蘇える金狼』とアメリカを通して見る消費社会

東京に来てからの永山の生活は、消費社会への素直な憧れとともにあった。ジャズもビートルズもそのよさを理解できなかった永山だが、当時の若者たちのライフスタイルを真似て新宿のジャズ喫茶ビレッジ・バンガードでバーテンのアルバイトを始めたこともあった。

恵まれた給料をもらっていたわけではないが、アメリカ製の道具や嗜好品で虚栄心を満たすことが可能になりつつある時代だったのだ。だが、永山が東京タワーの展望室から覗き見た高級ホテルの光景、つまり富裕層たちの生活は、すぐそばに見えてはいるが、決して手の届かないものであった。

永山の凶行は、大藪春彦が一九六四年（昭和三九）に刊行した『蘇える金狼』の主人公・朝倉哲也の行動と照らし合わせることで見えてくる部分がある。

朝倉は、昼間は冴えないサラリーマンだが、夜ごとにボクシングジムで体を鍛えるという二面性を持った主人公である。ある時、朝倉は銃を手に入れ、銀行強盗に成功する。以後の朝倉の世界は豹変する。奪った金を足の付かない金に換えるために横須賀に通い、ドラッグの売買などを行う米兵や暴力団と接触するようになる。さらには、勤める会社の幹部たちの弱みを握って恐喝を繰り返し、富や権力、そしてスポーツカーや女を手中に収めていく。

横須賀、米兵、スポーツカー、こうした記号の先に見えるのはアメリカである。大藪の小説に共通するのは、アメリカに強烈な憧れを持ち、そこに同化しようとあがく主人公の姿である。ここでのアメリカとは、消費社会と言い換えることもできる。朝倉は何かを渇望し、飽くなき上昇に挑むが、最後には手に入れたすべてのものを惜しげもなく捨て去ってしまった。

小説の中で、朝倉の考え方は以下のように描写されている。「朝倉は絶望には慣れている。

希望を砕かれたときの苦杯を舐めるよりは、はじめから何も期待しないほうがましだと思っていた」と。

永山の無差別殺人からも、理由や具体的な動機は見えてこない。見えてくるのは、朝倉同様の消費社会への強い憧れ、そこに同化したいという欲望のようなものでしかない。『ＡＬＷＡＹＳ 三丁目の夕日』の六子にとって東京タワーは、街が住人たちの努力によって活気溢れる姿に変わっていくその先に見えている、光り輝く東京の最高峰だったが、永山にとっての東京タワーは、決して手の届かない豊かな未来への絶望だったのだ。

モスラが国会議事堂ではなくタワーを壊した理由

特撮の怪獣映画やドラマといったパラレルワールドにおいて、東京タワーは何度も破壊された姿を晒している。

東京タワーを最初に破壊した怪獣はゴジラではなくモスラだった。ゴジラが当然壊しているだろうという勘違いは少なくないが、そもそも第一作が公開された一九五四（昭和二九）年には、まだ東京タワーが存在していなかったのだ。

モスラ以外では、一九六四（昭和三九）年の『三大怪獣　地球最大の決戦』で、キングギドラが衝撃波で東京タワーを破壊している。ゴジラが東京タワーを破壊するのは、予想外に遅く、二〇〇三年公開の『ゴジラ×モスラ×メカゴジラ 東京SOS』でのこと。東京の都心部でのモスラとゴジラの戦いが描かれ、ゴジラは、レインボーブリッジやお台場のフジテレビを背に品川埠頭から上陸。モスラとの戦いの中で放射能熱線で東京タワーを焼き、タワーの上半分が焼け落ちた。

最初に東京タワーを破壊した怪獣であるモスラに話を戻そう。東宝映画『モスラ』(一九六一年)において怪獣モスラの幼虫は、タワーをへし折り、そこに繭《まゆ》をつくる。『モスラ』には、原作小説があった。そこでモスラが繭をつくっていたのは、タワーではなく国会議事堂だった。原作小説『発光妖精とモスラ』を書いたのは、当時すでに純文学の世界で名を成していた四〇代の中堅小説家の中村真一郎、福永武彦、堀田善衛である。斜陽の時代にさしかかっていた映画界が、純文学界に助けを求めたのだ。

原作においてモスラが繭をつくる場所が、東京タワーではなく、国会議事堂だったのには理由がある。原作でモスラの繭は、首相や「防衛長官」の指令の下、防衛隊による攻撃が加えられる。この構図に原作者たちの意図があった。『モスラ』公開の前年は、国会前を多くのデモの群衆が取り囲んだ、六〇年安保の年である。『モスラの精神史』の著者である小野俊太郎は、「日本政府自体が、自分たちの法的根拠を作る国会議事堂をみずから攻撃するという珍妙な状況が生じるわけである」とこの構図の意図を指摘する。さらには、却下されたシナリオ案には、モスラの繭退治のために日米安保条約を持ち出し、米軍に出動を要請するというアイデアもあったともいう。

このような政治的な意図が込められたモスラが繭をつくる場所は、撮影の段階で東京タワーに変更されてしまった。その理由は、単に東京タワーがまだできて間もない東京のランドマークだったからなのだろうが、小野俊太郎は、また別の理由の可能性を指摘している。「東宝の映画制作者にテレビへの対抗意識があって、東京タワーが選ばれた可能性」である。

テレビ塔が恐れられていた時代

映画産業の斜陽化がささやかれるようになったのが、ちょうど一九六〇年代初頭のこと。映画館に足を運ぶことをやめた人々は、代わりに家でテレビを見るようになった。つまり、映画の斜陽化とはテレビの隆盛に伴うものだった。テレビの電波塔であり、象徴である東京タワーは、映画産業の敵として破壊されたのだ。

とはいえ、テレビ番組に登場する怪獣たちも嬉々として東京タワーを壊していた。『ウルトラQ』（第一六話「ガラモンの逆襲」一九六六年）に登場した怪獣ガラモンは、宇宙怪人が発する電波によって操縦されている侵略用の怪獣である。二体いるガラモンの内の一体が、東京タワーを揺さぶり破壊している。『帰ってきたウルトラマン』（一九七一〜七二年）に登場したノコギリンは、巨大化した宇宙クワガタだが、ウルトラマンに向かって放ったレーザーを、ウルトラマンが避けたため、背後にあった東京タワーを焼き溶かしてしまう。それに気がついたウルトラマンは、一瞬背後を振り返るもそのまま知らんふりをして戦っている。

『ウルトラマンタロウ』（第二一話「東京ニュータウン沈没」一九七三年）の怪獣キングゼミラは、ニュータウンの地下で孵化した巨大ゼミである。地中でのさなぎ時代に人間がその頭上に団地を建ててしまったために、地上に出られなくなってしまったのだ。

掘り返してみるとキングゼミラはさなぎから脱皮し、壮大な騒音を放ち始めた。一度はネットで捕獲されたキングゼミラだが騒音に困った住民たちが網を焼き切り、キングゼミラは都心へと飛来した。このキングゼミラの鳴き声は、東京タワーの電波障害を引き起こし、東京は混乱状態に陥った。電波障害の元となることと、やたら尿をまき散らすこと以外に特に悪意のない怪獣であるキングゼミラは、ウルトラマンタロウの温情により、最後は宇宙へと運ばれ、宇宙で心置きなく鳴き続けることになる。

こうして並べてみると、東京タワーを破壊した怪獣には共通点がある。彼らは皆、電波やレーザーを自分でも発しているのである。

コラムニストの泉麻人は、かつてはテレビ塔が、「悪の結社の象徴」のように使われることが多かったと指摘する。「あの時代の東京には、まだ開局して間もなかったTV局の電波塔が、ぼこぼこと尖えたっていた。まわりの家並みが低かったこともあって、麴町や赤坂、六本木の電波塔はひときわ目立つ存在であった。電波が流れる塔、というものに、いまよりずっと奇怪なSFじみたイメージを抱いているようなところがあった」(『青春の東京地図』)のだ。

電波を発する巨大な怪獣たちは、彼ら自身もテレビ塔のようなものだった。当時は、テレビの電波塔そのものが、身近にある巨大で恐ろしいものの代表であり、目に見えない電波が、得体の知れない現象の代表だったのだ。

怪獣ビーコンがもたらした東京タワーの停波

一九七一(昭和四六)年八月二七日に放送された『帰ってきたウルトラマン』の第二一話「怪獣チャンネル」では、東京タワーが停波するエピソードが描かれている。

深夜四時、テレビが終わっている時間にもかかわらず、テレビに旅客機が飛んでいる映像が放送されていた。電話で連絡を受けた怪獣退治の専門チームMATの郷隊員は、「テレビ?こんな時間にやってるわけないでしょう」と迷惑そうに応答する。一九七三年の第一次オイルショックのときに、深夜○時以降のテレビ放送が休止したことがあるが、これはそれよりもさらに昔のこと。深夜番組といってもせいぜい○時を回る頃に終わってしまっていた時代である。

深夜四時のテレビ画面に映っていた旅客機は、光線を浴びて墜落する。これは偽の映像ではなかった。東シナ海を飛んでいた実在の旅客機が同時刻に墜落していたのだ。そして、この墜落の映像は、通信衛星を経由し、ニューヨーク、モスクワ、ハワイと全世界に中継されていた。

この不思議な事件は、人為的なものではなく電波怪獣ビーコンの仕業によるものだった。ビーコンは、電離層に住み、電波を吸収し、エネルギーにする特性を持った新種の怪獣であり、さらにこの怪獣の目に映ったものは映像信号に変換され、中継衛星を通じて全世界に中継されてしまう。MATの研究所は「ビーコンの身体全体がテレビ局の機能を兼ね備えている」と分析した。今回の怪獣退治は、慎重に行う必要がある。MATの行動は、失敗も含め、すべて全世界に中継されることになるからだ。

「いいかへまをするんじゃないぞ。我々の戦いは、ビーコンのカメラアイを通して、世界中に中継される恐れがある」というのは、MAT隊長の言葉だ。MATのような実力行使に関わる組織にとって、士気高揚、上意下達の指揮系統の維持のためにも組織の評判を貶めるわけにはいかないのである。

やがてビーコンが、多数の電波が飛び交う東京の近くに姿を現すことは必至である。このままビーコンの接近を許すと、東京はあらゆる情報が麻痺し、大パニックになる恐れがある。実際、ビーコンの接近により、レーダーを使った飛行ができなかった航空機同士の正面衝突事故が発生する。

こうしたぎりぎりの状況でMATが考案した作戦は、東京タワーの停波をはじめ、東京中のすべての電波を停波させるというものだった。東京上空に電波が飛んでいない状況をつくり出し、東京湾上を飛ぶMATの戦闘機から出した電波でおびき寄せることで、都市部への被害を食い止める作戦である。だが、それを実行し、電波を止めることによる社会的損害も莫大な規模にのぼる。まさに最後の手段としての東京タワー停波作戦である。

しかし、この作戦は失敗し、ビーコンは東京に侵入してしまった。一人の少年がアマチュア無線機の電波を発したためである。いまとなっては想像すら難しいが、一九七〇年代には、アマチュア無線が中高生のおたく的趣味の王道だった。MATとはいえ、個人の無線利用を制限することは難しかったようだ。

ウルトラ怪獣の中には、ビーコン以上の強敵がたくさん存在したが、文明社会にとっては、広域の電波障害を引き起こすビーコンほどやっかいな怪獣はいなかったはずだ。

この「怪獣チャンネル」のラストは、冒頭で深夜四時の中継を観てしまった少女の家に戻る。少女が深夜に目を覚まし、再びテレビをつけると画面には砂嵐だけが映っている。ビーコンはウルトラマンの手で倒され、世界の平和は保たれたのである。

生中継という体験とリアルタイムメディアの時代

ビーコンという怪獣が、「身体全体がテレビ局の機能を兼ね備え」ていた部分はとてもユニークだ。当時のテレビ局ですら、局のスタジオ以外の場所から即時生中継をするのは、まだ困難だった時代である。

衛星を使った中継放送の歴史を振り返ると、初の日米間テレビ衛星中継が行われたのは、一九六三（昭和三八）年一一月のこと。そこで伝えられた内容が、ケネディ暗殺だったというのは有名な話である。

放送用の静止衛星が打ち上げられ、長時間の中継放送が可能になったのは、一九六四（昭和三九）年の東京オリンピック以降のことだ。当時、渋谷のＮＨＫ放送センターから送出された大会の映像は、電波として小金井の電波研究所、筑波山と地上を経由し、茨城県の鹿島地上局から静止衛星へと送出が行われた。その五年後、一九六九（昭和四四）年七月のアポロ一一号の月面着陸は、世界中の注目を集めた衛星生中継の歴史のもっとも大きな事件となった。

衛星中継ではないが、一九七〇（昭和四五）年の大阪万博では、毎日お祭り広場からテレビ中継が行われ、世間的にも日常的なスタジオ外からの生中継が身近なものになる。そして、その技術が事件報道と結びつくのは、「怪獣チャンネル」が放送された翌年の一九七二（昭和四七）年のことだった。

この年の二月、あさま山荘にたてこもった連合赤軍のメンバーたちと機動隊の銃撃戦の模様は、連日事件現場である軽井沢から長時間による生中継が行われた。

あさま山荘銃撃事件をテレビで見た建築家の黒川紀章は、「今までは結果の報道であったテレビが、ニクソン訪中の中継と同様、生であることに驚きを感じた。事件のプロセスを犯人たちも見ている。いや見られていることを知っている。事件はオンタイムで見ることができる大変な時代になったと思う」（久能靖『浅間山荘の真実』）と述べている。

当時、日本テレビのアナウンサーとして、この事件を報道した久能靖は、自著の『浅間山荘事件の真実』の中でその中継の具体的な手法について触れている。その頃の事件現場からの生中継にはマイクロ波が使われていた。あさま山荘のあった軽井沢と東京間で遠距離の中継を行うためには、パラボラアンテナを積んだ中継車を複数繋ぐ必要があり、電電公社（現・ＮＴＴ）の鉄塔を間に挟み、三段中継で放送されたという。

「テレビ局の機能を兼ね備えている」ビーコンが、怪獣と戦うＭＡＴの最前線での戦闘の模様を、すべてテレビ中継してしまうという「怪獣チャンネル」は、こうしたテレビのメディア状況を先取りしていたのだ。

この頃から人々は、テレビを映画の代わりの娯楽としてではなく、新しい体験を与えてくれるメディアとして受容していくようになるのである。

テクノポリスＴＯＫＩＯという読み替え

一九八〇（昭和五五）年一月一日。当時の民放各局は、同じ内容の年越し番組『ゆく年くる年』を放送していた。一九八〇年代が始まる〇時の瞬間に日本で同時に流れたＣＭでは、電飾の付いた服を着て、パラシュートを背負った沢田研二が歌う姿が流された。

沢田研二の代表曲「ＴＯＫＩＯ」は、こうしたど派手なプロモーションでもって世間に浸透していったのである。この歌において、沢田研二は「東京」という都市を「スーパーシティ」＝「ＴＯＫＩＯ」と読み換えて歌っている。この「ＴＯＫＩＯ」は、イエロー・マジック・オーケストラ（ＹＭＯ）の「テクノポリス」の中で、坂本龍一がヴォコーダー（音声圧縮センサー）を通した人工音声として発声されていたものでもあった。

「テクノポリス」のシングルの発売は一九七九（昭和五四）年一〇月。「ＴＯＫＩＯ」の収録アルバムはその一カ月後の一一月に発売されている。ＹＭＯのスタッフと「ＴＯＫＩＯ」の作曲者糸井重里の間には、ＣＭ音楽プロデューサーの大森昭男を筆頭に重なる関係者も多く、同時進行の企画だったと考えるべきだろう。この辺りは『みんなＣＭ音楽を歌っていた――大森昭男ともうひとつのＪ－ＰＯＰ』（田家秀樹）に詳しい。

この頃のＹＭＯ、糸井重里、沢田研二らが「ＴＯＫＩＯ」として表現した都市のイメージとは、コンピューターやシンセサイザーという電子技術が発達した日本の産業と超高層ビルが建ち並び繁栄する大都市東京を結びつけたものである。これは、西洋の視点、つまり異文化として見た東洋世界を自らが演じるといった屈折したオリエンタリズムとでもいうべき東京＝ＴＯＫＩＯの再解釈でもあった。ＹＭＯも当時、アメリカやヨーロッパで評判となり、日本に逆輸入される形で知られていった。こうした倒錯をおもしろがる文脈で、「ＴＯＫＩＯ」というフィクションとしての都市像が、一九八〇年代のメディア空間を通じて広がっていくことになる。

一九八〇年代は、日本企業の躍進が世界で注目され、東京が金融、文化などで重要な影響力を持つ「世界都市」となっていった時代でもあった。同時に世界の中の日本という意識が芽生え始めた日本人は、自らの首都である東京のあり方にプライドを持ち始めていた。

一九八〇年代のポップカルチャーに描かれる東京タワーは、こうした「世界都市」としての東京を象徴する存在としていく度も登場するようになる。

一九八〇年代に都会的な恋愛をモチーフとしたポップスを多く生み出したのは、松任谷《まつとうや》由実と角松敏生《としき》である。

松任谷由実は「手のひらの東京タワー」という曲を、一九八一（昭和五六）年に石川セリに提供した。この歌は、東京タワーからの眺望、つまり都市そのもの（「ハイウェイも港も」）をプレゼントにするという内容の歌詞である。そして、角松敏生の「Ｔｏｋｙｏ Ｔｏｗｅｒ」（一九八五年）は輝く夜の都会を見下ろすカップルの営みをけだるく歌ったラブソングだ。

この二人が歌で描き出したのは、都会的な恋愛のシチュエーションである。そのアイテムとして、東京タワーを出現させている。その歌の舞台となる都市は、架空のものであっても許されたはずだが、彼女たちはあえてそこに「東京タワー」という唯一無二の存在の「記号」を置くことで、その舞台を「東京」に固定させた。

フランク永井の「有楽町で逢いましょう」など、東京の地名を明記することで都市の記号性を増すことができた時代は、一九五〇年代の都会派歌謡曲の時代には確かに存在した。だが少なくとも松任谷由実は、ある時期までは「中央自動車道」を「中央フリーウェイ」と「読み替え」たように、歌詞において固有名詞の記号の扱いに敏感な存在だった。その松任谷が、一九八〇年代のこの時期になって、胸を張って東京タワーを歌詞の中に登場させたのは特筆すべきことだ。

この当時からしても、東京タワーはすでに三〇年近く前の建物であり、意味合いとしても高度経済成長期の遺物として見られていてもおかしくないアイテムだった。だが、松任谷は東京タワーをノスタルジーの文脈では捉えていない。むしろ歌詞中に「東京タワー」の語を用いることで、その都会性を高められると考えたと捉えるべきだろう。

一九八〇年代が始まる時点において、糸井重里（または坂本龍一）は、この街を「東京」ではなく「TOKIO」と記すことで西洋から見た日本という「読み替え」を行う必要があった。だが、そこに端を発する「東京」語りは、一九八〇年代の日本経済の発展を通じて反転した。日本人が東京という都市を誇らしく思える時代が一九八〇年代だった。日本人は、「TOKIO」という読み替え抜きに、「東京」を受け入れるようになったのだ。そんな一九八〇年代の東京にとって「東京タワー」が重要な役割を果たしていたことも間違いない。

岡崎京子作品における東京タワーの暗喩

なぜ東京タワーは、一九八〇年代に再び東京のシンボルとして重要な役割を果たすようになったのだろうか。その答えを、一九八〇年代半ば〜九〇年代前半にかけて活躍した漫画家の岡崎京子が描く東京タワーをヒントとして考察してみたい。岡崎京子は、自分の作品に東京と東京タワーをたくさん登場させた作家の一人だ。

一九八九（昭和六四）年に刊行された『ジオラマボーイ　パノラマガール』には、ヒロインで高校生のハルコが、小学生ながら小学生買春組織の元締めであるタイラくんに求愛される場面で「東京タワー買ってくれたら信じる」と返す場面がある。この作品では、ラストにも団地のベランダから眺める光景の中に東京タワーが登場する。

本作において、ベランダからの眺めは重要な役割を果たす。団地に住む主人公は、その「人工的」で「鳥瞰的」な風景を「ジオラマ」や「パノラマ」のような現実感のないものとして捉えている。

「こっから下見るとへんな感じ　動いてる車とか人とかオモチャみたい　本物じゃないみたい」

東京タワーは、岡崎作品の中においては、非現実の街を形づくるジオラマの一部である。

一九九一（平成三）年に刊行された『ハッピィ・ハウス』は、テレビ局のディレクターである父が家族の解散を宣言するところから始まる。主人公の少女るみ子は、大女優である母をも家から追い出してしまう。大きな家で独り暮らしを始めたるみ子だが、家の電話も不通になっていることに気付き、さびしさがこみ上げてくる。そんな状況で、るみ子は部屋を暗くして東京タワーを眺めていた。


「ウチからトーキョータワー見えんのにな」

「まるで世間からきりはなされてるってかんぢ」


『ハッピィ・ハウス』は、目の前に現存する確固たる家族が、実は実態のないふわふわしたものだったということが示されていく物語だ。彼女は、家から東京タワーが見えることを、心地よく思っている。満ち足りた生活を象徴するものなのだろう。だが、家族なしでタワーを見ても、浮かれる気分にはなれない。ここでの東京タワーは、空虚さを浮かび上がらせる道具として描かれていた。

一九九三年（平成五）に刊行された『東京ガールズブラボー』は、北海道の高校生、金田さ

岡崎京子『ハッピィ・ハウス』より

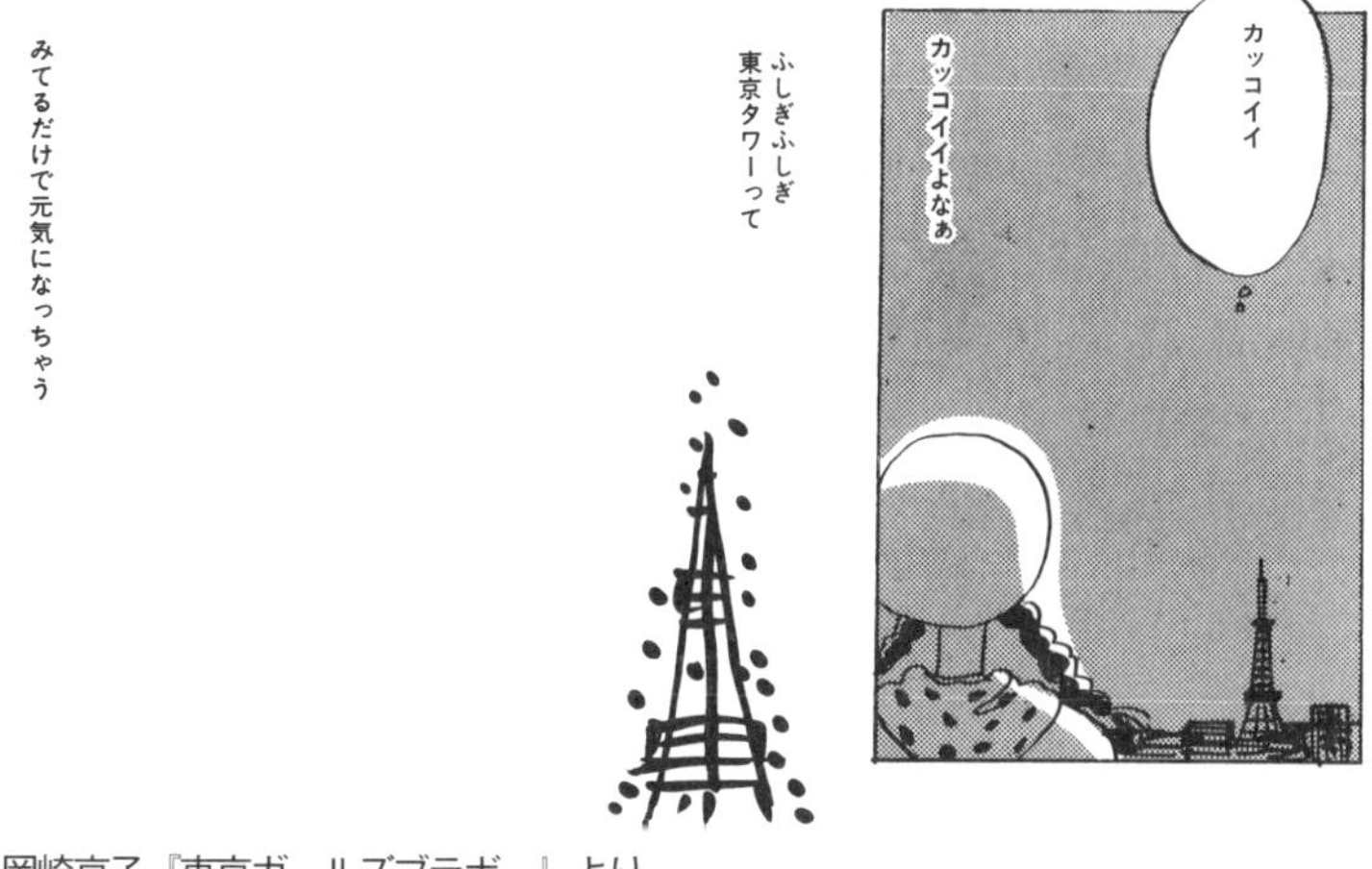

岡崎京子『東京ガールズブラボー』より

かえが親の離婚をきっかけに、母と一緒に憧れの東京に引っ越すという物語である。時代は、一九八〇年代初頭。ニューウェーブ音楽やDCブランドという当時の風俗にはまっているさかえは、「きっとみんなナウナウでプラスチックにオシャレでキメキメなんだわ」と東京の人たちを想像している。

夢のテクノポリス
ヒステリックシティ
繁栄と消費の帝都
ハイウェイはのびる
サブウェイははしる
電車でGO‼
スピードシティ

主人公のさかえは、沢田研二「TOKIO」の中で描かれたような「スーパーシティ」、YMOが示した「テクノポリス」のような未来都市のイメージのままに東京を頭に描いている。だが実際に東京の巣鴨の親戚の家で生活を始めたさかえの周りには、ニューウェーブもナウもなく、現実と想像の東京の違いの大きさに幻滅する。

当初思い描いていた都会の姿とは違ってはいたが、さかえは持ち前の行動力で現実の東京の中に、自分の思い描いた「繁栄と消費の帝都」を見出していく。友だちもでき、ライブハウスやクラブなどに出入りするようになったさかえは、連日の夜遊びをたしなめられ、厳しい祖母の家にあずけられる。再び彼女は、記号としての「東京」から切り離される。

祖母の家での質素な暮らしに耐えられなくなったさかえは、家出を決意。そんな彼女が真っ先に向かったのは、東京タワーだった。

「ふしぎふしぎ東京タワーって　みてるだけで元気になっちゃう」

彼女にとって、「繁栄と消費の帝都」の象徴が東京タワーなのだ。

そんなさかえの東京での生活は、あるときに突然終了する。両親が元のさやに収まり、彼女は再び札幌に戻ることになったのだ。東京でまだやりたいことがたくさんあるさかえだが、具体的には自分が東京で何をしたいのかはわかっていない。口をついて出たのは「東京タワーのてっぺんにのぼる」ということ。

「あたしって本当はなにがしたいのかなぁ」

岡崎京子が描いた作品の多くに貫かれているのは、〝リアリティの感じられない日常〟という感覚だった。そして、彼女の漫画に描かれる東京タワーは、楽しくて仕方がない街でありながらも、リアリティーの感じられない街「ＴＯＫＩＯ」の中心に立っている塔である。

「繁栄と消費の帝都」の象徴としての東京タワー

岡崎が交通事故により創作活動を休止させる直前に連載を終えた『ヘルタースケルター』（連載は一九九五年七月〜九六年四月、単行本は二〇〇三年刊）において、彼女はこれまで以上にはっきりした暗喩として東京タワーを登場させている。

本作の主人公のりりこは、モデルから女優に転身した人気者。スタイルも顔つきも完璧な彼女の秘密は、そのボディーがすべて整形でつくられていること。物語は、その彼女の精神と肉体にほころびが生じ、崩壊に転じていく様が描かれる。そして、彼女の肉体の崩壊が決定的に始まるという物語上重要な場面の直後のコマで、東京タワーが登場するのだ。

一見、二つのコマの間のつながりは薄いように見える。だが、これまでの岡崎作品で描かれてきた東京タワーの頻出具合を考えると、そのつながりは薄くないことが理解できるだろう。「どこにもリアリティーの感じられない現代」。その岡崎のテーマの集合体がこの『ヘルタースケルター』のヒロイン・りりこである。すべてがフェイクである人生を選んだりりこの、化

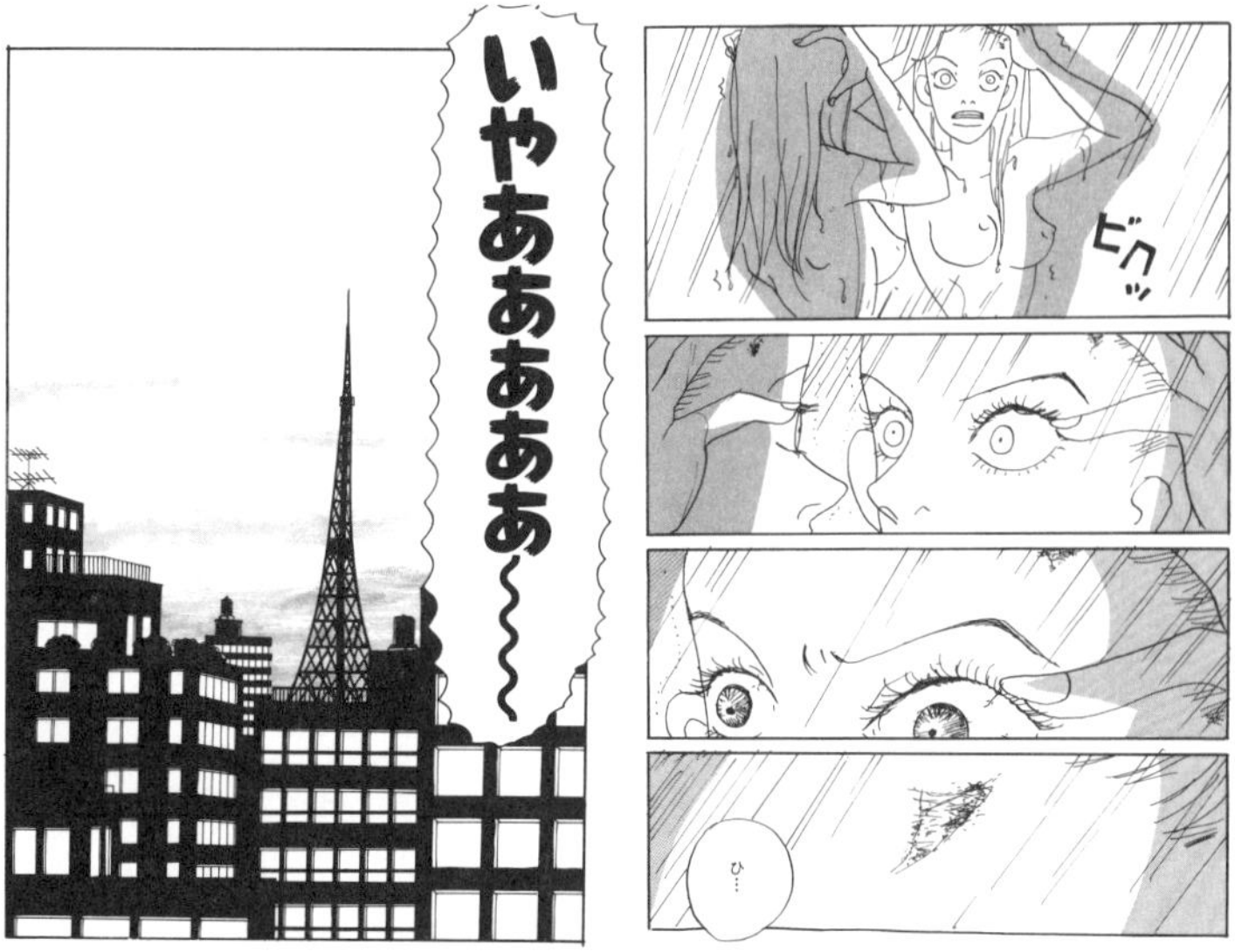

岡崎京子『ヘルタースケルター』より

けの皮がはがされていく瞬間に、その暗喩として東京タワーが描かれるのだ。

　売れっ子の芸能人としての人生を堪能するりりこの人気は、彼女の完璧なルックスによって担保されているものである。だからこそ、彼女はそれが永遠に続くものではないと認識している。その彼女の楽しくてたまらない生活に破綻の影が現れた瞬間に登場する東京タワーは、何を意味するのか。

　それは、「繁栄と消費の帝都」の象徴としての東京タワーだ。今は楽しい東京での消費生活は、まるでどこまでも続いていきそうなものに見える。実際に、松任谷由実や角松敏生らは、そんな東京ライフを肯定して歌にしていた。岡崎京子もそれを肯定するような作品を描きながらも、どこか炭鉱のカナリヤ的にその終わりを匂わせるような作品の描き方をしてきた作家でもある。

りりこの繁栄と消費の生活の終わりを描くことは、岡崎にとって東京の「繁栄と消費の帝都」の終わりを描くことでもあったのだ。湾岸戦争が勃発し、ソ連が崩壊しても続くリアリティーのない日常。代表作である『リバーズ・エッジ』（一九九四年）の主題は、そのように解釈可能だ。しかし、どこまでも続いていきそうなリアリティーのない日常は、フェイクである以上、どこかで壊れていくものというシニシズムも岡崎作品には描かれている。いつか壊れてしまう刹那的なものであるからこそ、それを肯定すべきであるという姿勢は、岡崎京子に留まらず、一九九〇年代文化に通底していた態度だった。

岡崎京子は、東京生まれの東京育ち。地方から東京への憧れが募らせていた『東京ガールズブラボー』のヒロイン金田さかえと違い、都会へのコンプレックスは持っていないはずだ。だが、その「繁栄と消費の帝都」である東京がきっとフェイクであると自覚していた岡崎京子は、いつか終わる「繁栄と消費の帝都」、だからこそ楽しむべき現実という二つの意味で東京タワーを描いてきたのだ。

パラレルワールドが具現化した一九九〇年代

一九九〇年代に引き続き東京を歌にしたのは、ピチカート・ファイヴだ。彼らは、「東京は夜の七時」（一九九三年）や「モナムール東京」（一九九七年）など、曲名に「東京」が入った曲を多くつくり、さらに東京タワーを歌詞やアートワークの中に多用していた。「東京は夜の七時」のプロモーションビデオは、グループの中心人物である小西康陽自身の演出により、シャボン玉が飛び交う東京タワーの真下から始まっている。また、「キャッチー」（一九九二年）では「新しい私の部屋は　東京タワーが見える」と歌われ、作曲を筒美京平が手がけた「恋のルール・新しいルール」（一九九八年）にも東京タワーが登場する。

ピチカート・ファイヴの小西康陽は、かつて松任谷由実や角松敏生が「東京タワー」という記号でもって描いた「東京」という絵の続きを描いた存在だ。誰かが当時、渋谷の街とピチカート・ファイブについて書いたコラムの中で、山下達郎のシュガー・ベイブ時代の代表曲「DOWN TOWN」（一九七五年）と関連づけて触れていた。

かつて達郎が「ダウンタウンへくりだそう」と歌った時代には、「おめかししてる」ような遊び場なんてなかったが、一九九〇年代の東京には、実際に遊びに行くべき街である渋谷が存在するという内容だった。

小西は、達郎が「DOWN TOWN」と「読み換え」ていたフィクショナルな「にぎやかな」「街角」を一九九〇年代の東京に見出し、同時代の東京を舞台にした多くの楽曲を残したのだ。ピチカート・ファイヴにとっての東京は、もはやYMOや沢田研二らが生み出したようなパラレルワールドではなかった。実際に「くり出す」ための「ダウンタウン」が存在する東京だったのだ。

だが、彼らのヒット曲の筆頭である「東京は夜の七時」にはこんなフレーズが登場する。「待ち合わせのレストランは　もうつぶれてなかった」。これは、一九九〇年代の東京を真っ正面から見つめた曲でもあった。そう、一九九〇年代の東京都は、バブル崩壊後の東京でもあったのだ。

岡崎京子が永遠に続かないものとして作品の中でそのほころびを見出そうとしてた「繁栄と消費の帝都」の終わりは、バブル経済の崩壊として訪れていた。

東京タワーからスカイツリーへ

東京タワーは、今現在に至るまで一九五八年から同じ場所に立ってはいる。だが、テレビの電波塔としての役割は、すでに終えてしまっている。

二〇一一（平成二三）年七月二四日にテレビの地上波アナログ放送が五八年の歴史を終えた。電波怪獣ビーコンがパラレルワールドの東京タワーを停波させてからちょうど四〇年が経ち、現実に東京タワーは停波した。もちろん、停波といっても信号がアナログからデジタルへ切り替わっただけだ。テレビ放送自体が終了したわけではない。だが、本来であれば、このタイミングで東京タワーは本当に停波する予定だった。しかし新しく地上波デジタル放送のための電波塔として役割を果たすはずだった東京スカイツリーの操業開始が予定よりも遅れたため、東京タワーがテレビ塔としての役目を担う期間は少しだけ長くなった。

東京スカイツリーは、東日本大震災のほぼ一年後である二〇一二（平成二四）年二月二九日に工事が完了。これにともない、東京タワーは、ようやく総合電波塔としての役割を終えた。一部、ＦＭラジオの電波は送信を続けていたが、この年の一一月一二日から段階的に電波を弱め、二〇一三（平成二五）年五月一二日に完全に送信を終了したのだ。

停波の前に、少しだけ東京タワーに異変が起こったことも触れておかなくてはならない。二〇一一年三月一一日の東日本大震災のときに、東京も震度五強の地震に見舞われた。このときに東京タワーの先端は、肉眼ではっきりと見てとれるくらいに折れ曲がった。また、震災後の自粛ムード、節電の呼びかけもあり、東京タワーのライティングの実施も休止された。

あるときには、日本人が心を一つにして成し遂げた戦後復興を象徴するモニュメントとして、あるときには、決して手の届かない豊かな未来への絶望の象徴として、またあるときには、壊される対象物として、はたまたあるときには、日本の経済的繁栄によって東京が「世界一の都市」に近づいた時代の象徴として捉えられてきた東京タワー。日本社会が変化するたびに、東京タワーが持つ象徴としての意味合いは変化した。

こうして東京タワーの歴史を眺めてみると、東京タワーを単純に何かの象徴に見立てることの難しさが見えてくる。

浅草十二階は、見世物小屋から活動写真へと、人々の「視覚」を揺さぶるメディアの台頭期を象徴する存在であり、お化け煙突は、日本が工業化時代に突入した時代を象徴する存在だった。こうした見方を踏襲すれば、メディア的な意味においては、東京タワーは、テレビという本格的なマスメディアの台頭と発展を眺めてきた存在であり、産業的な意味においては、脱工業時代、メディアに代表されるサービス産業の台頭を眺めてきた存在とすることができる。

岡崎京子の漫画に、こんな台詞が出てくる。「東京タワーのない東京なんて、ハタのないお子様ランチみたいなもんよね」と。お子様ランチにとって旗は単なる飾りである。テレビ塔としての機能を失った東京タワーは、本当に東京というお子様ランチの旗になった。いまのところ旗としての収まりは悪くないようにみえる。

観光都市として変化を遂げる東京を眺めるタワー

この次に取り上げるべきは、二〇一二（平成二四）年に完成した東京スカイツリーのはずである。ただし、ここで語るべきことはそう多くはない。

都心に立つ東京タワーでは、高層化が進んだ現代の東京で電波塔の役割を果たすことが難しくなった。それに伴い、在京の民間テレビ局である日本テレビ、ＴＢＳ、フジテレビ、テレビ

東京スカイツリー（2013年２月25日）　©時事通信フォト／朝日航洋

朝日、テレビ東京ら五社が、共同で新しい電波塔の建設の計画に乗りだした。その立地を巡っては、練馬区、さいたま市、台東区、足立区などさまざまな計画の競争となったが、当初から第一候補との声が強かった墨田区のプランが勝ち残る。塔の高さは、六三四メートルで、「東京スカイツリー」のネーミングは、公募によって候補作が集められ、最終的に二〇〇八（平成二〇）年にインターネット投票によって決定した。

二〇一二年二月二九日に竣工した東京スカイツリーは、東京タワーに代わるテレビ塔としての営業が始まり、現在では東京の新しいランドマークとして定着しつつある。

日本の実写邦画歴代興行収入一位を誇る映画『踊る大捜査線 THE MOVIE2 レインボーブリッジを封鎖せよ！』では、冒頭シーンで上空からお台場と芝浦をつなぐレインボーブリッジを大写しにし、お台場の街の発展という作品のテーマを一つの絵として提示した。

このシリーズの最終作である『踊る大捜査線 THE FINAL 新たなる希望』では、冒頭に東京タワー、東京スカイツリーと二つのランドマークを空撮映像として挿入している。東京が新しく発展していく様を意図したのだろう。

本編の中にも、主人公の青島刑事が走る場面の背景に東京スカイツリーが映っている場面があるが、特に見出すべき意味合いは薄い。

スカイツリーが建つ押上は、かつて浅草十二階の真下に広がっていた私娼街が移転した玉ノ井の近くである。一九六四（昭和三九）年の東京五輪以降、西高東低で推移してきたといわれる東京の発展は、スカイツリーの誕生を期に東側へ回帰していくという「ライジング・イースト」というキャッチフレーズも聞こえてきた。だが実際のところ、そこまで目を見張るような都市状況の変化は起こっていない。都市の発展とは、時間経過を伴うものであり、一長一短にスカイツリーができたからといって何かが変わるものでもない。

まだ計画段階のものとしてしか世に出ていない頃から国内の世評としては、「いまさら高層タワー？」という不評の声は少なくなかったスカイツリーだが、いざオープンしてみると評判は悪くはなかった。海外からの観光客が訪れる観光地としてもすっかり定着し、昨今のインバウンド需要に対応できている。

二〇一五（平成二七）年、訪日外国人旅行者の数は一九〇〇万人台に達し、一九七〇（昭和四五）年以来四五年ぶりに日本人の出国数を超えたという。あえてツリーが誕生した背景を見るなら、こうした観光都市としての東京が変化の時期を迎えつつある時代に沿った建造物としての東京スカイツリーという側面を語ることができるだろう。新たな観光都市像としてその姿を再構築しようとする東京の姿をスカイツリーは眺めていくことになるのだろう。

誕生から数年という短い期間とはいえ、スカイツリーは多くの小説、ドラマ、映画などに登場している。ただし、残念ながらまだこれらの作品から何らかの意味を読み取るような批評はまだ届いてきていない。

最後に東京のランドマークの変遷を振り返ってみる。近代の始まりからそのさらなる進展の過程において、浅草十二階という電化時代の塔から近代工業を象徴するお化け煙突へというフンドマークの交代が行われた。そして、お化け煙突から東京タワーへの交代は、さらなる産業のソフト化、サービス化を示すものだった。同時に東京タワーは日本の高度成長期を見守る存在でもあった。さらに東京タワーは、国民が一丸となって果たした戦後からの脱却の象徴であり、世界の一級都市に上りつめた都市の誇りの象徴でもあった。

このようにランドマークの交代とともに東京は大きくその姿を変えてきた。そして、現代は東京タワーと東京スカイツリーが併存する時代に突入している。日本が世界に追いつき追い抜こうとした時代の象徴は残されたまま、次の時代がすでに始まりつつある。過去の栄光であるタワーと未知の時代の入り口に立つツリーが併存する光景とは、まだ過去を切断しきれずにいる日本の現状の風景なのかもしれない。

スカイツリーが何を象徴する存在になるのか。それを見出すには、まだ少し時間を要するだろう。

第四章

水運都市・東京
——水の都江戸と二層レイヤーの都市

東京β
TOKYO BETA

四谷二丁目、赤坂見附、霞が関一丁目、虎ノ門一丁目、新橋一丁目、有楽町一丁目、銀座六丁目、八重洲二丁目、同一丁目、大手町二丁目と続く連続放火事件。それぞれの現場は、数百メートルしか離れていない。さらに、放火地点を地図上に記していくと、皇居を中心に円を描くように移動していくのがわかる。

これらの放火地点の共通点から犯人の動機が見えてくる。島田荘司の『火刑都市』は、ミステリー小説でありながら、同時に都市論・東京論的な要素を持った小説である。

放火犯の意図を知るヒントは、放火現場に貼られていた「東京万歳」の張り紙の文字。「東京」ではなく「東京」。現在の「京」の字とは違う字が使われている。主人公の中村刑事は、この文字を手がかりに東京の歴史を遡っていくことになる。

『火刑都市』が書かれたのは一九八四（昭和五九）年（単行本刊行は一九八六年）。島田荘司の衝撃的なデビュー作『占星術殺人事件』の刊行が一九八一年だから、島田作品としては最初期のものといえる。島田は当時の主流であった社会派ミステリーに背を向けて登場し、のちに本格派ミステリーの代表的作家としての地位を得たが、本作には当時の社会を反映した要素が多分に含まれている。例えば、本作の第二の放火現場である「ホテル新東京」についての記述は、実際のホテルニュージャパンの事件を彷彿させるものだ。

一九八二（昭和五七）年二月八日のホテルニュージャパンの火災は、三三名という死者数の多さもあり、社会的に大きな注目を集めた事件だった。

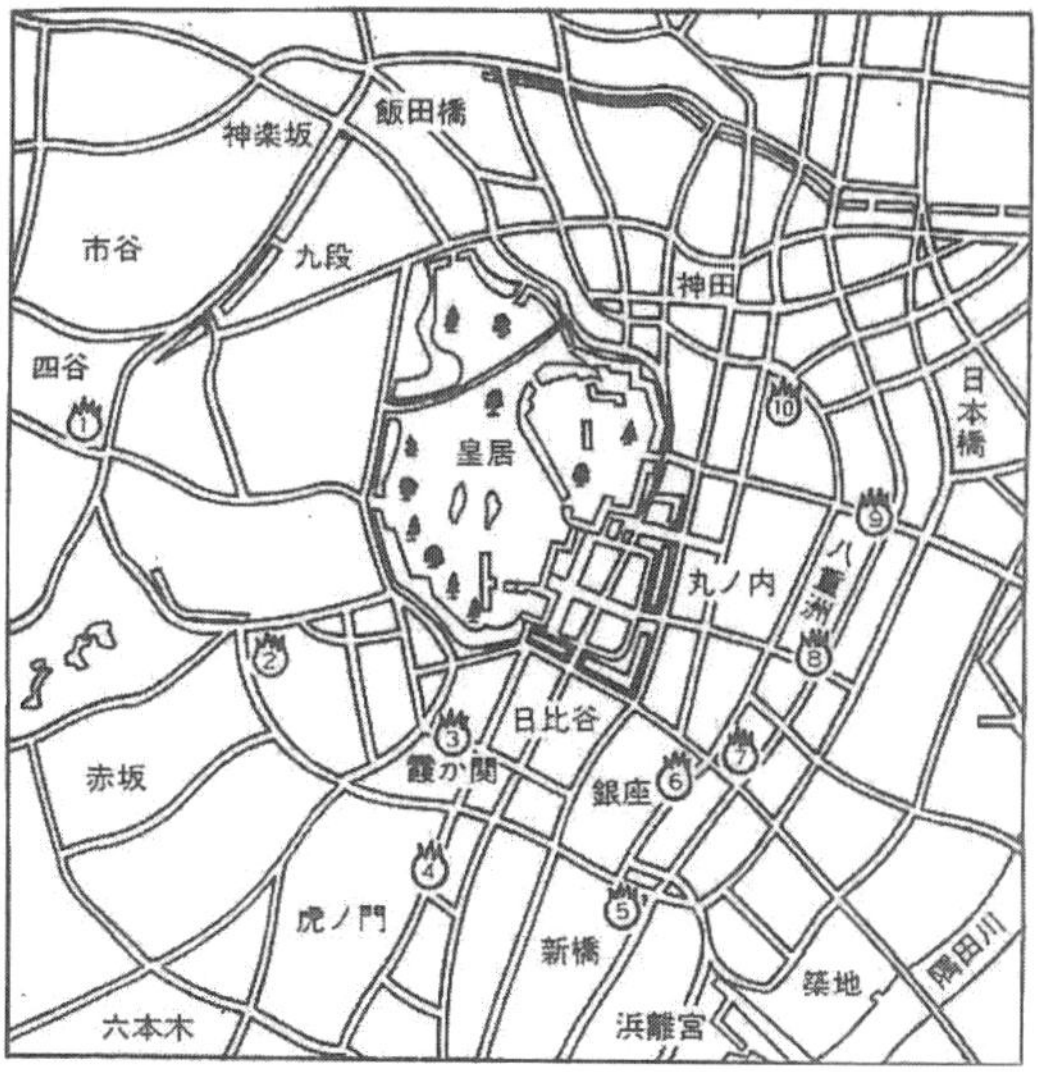

皇居を中心とした10カ所の放火地点
（島田荘司『火刑都市』より）

火災の原因は、九階の宿泊客の寝タバコである。火元より上の階の宿泊客の中には、シーツをロープ替わりにして脱出した者もいた。その模様は、中継に駆けつけたテレビで放映された。

この火災で問題視されたのは、ホテルの防火対策の杜撰さである。ホテルにはスプリンクラーや防火シャッターが設置されておらず、火災報知器も故障していた。ホテルの経営側、オーナー社長の横井英樹の責任が問われることとなった。

ホテルニュージャパンの火災事件は、単に経営者の管理問題に留まるものではなかった。一九七〇年代後半から八〇年代にかけての東京は、超高層ビルが次々と建てられていた時期だ。主なところでは、池袋のサンシャイン60（一九七八年）、西新宿では新宿野村ビルディング（一九七八年）や新宿センタービル（一九七九年）などがある。当時、鉄とコンクリートで作られた高層ビルは火災に強いと思われていた。だが、このホテルニュージャパンの火災によってその仮説は覆された。九階という高層階での火災は、人々に新しい恐怖を映像で植えつけ、高層都市そのものの安全性が問われるようになったのだ。

東京とその拡張現実である「東京」

わらぶき屋根など、燃えやすい建材が使われていた家屋の並ぶかつての江戸の町は、いく度かの大火事によってリセットされてきた。そして、その度に万全とは言えないまでも、少しでも燃えにくい土蔵造りや塗屋造りを採り入れたり、防火堤を作ったりと、防災の観点を踏まえた都市への改造が行われてきた。

明治になって江戸から東京に地名が変わり、新政府は西欧の都市をモデルにした帝都の実現を計画する。一八七二（明治五）年の大火後、政府は銀座を、舗道はパリ、建物はロンドンに倣い、西洋風の煉瓦街として復興させる。石と煉瓦でできた街には、西洋の都市風の外観を実現する以上に、耐火建築を目指すという動機が働いていたのだ。コストは高くついたが、火災には強かった。明治新政府が思い描いた新しい帝都像とは、大火でリセットされることのない防災都市だったのだ。江戸から東京への変化とは、燃えやすい都市から、不燃都市へという変化でもある。

『火刑都市』の放火犯は、単なる愉快犯ではない。東京の都市計画への不満を破壊活動としてぶつける思想犯である。犯人が持つ都市計画の思想とは何か？　それが犯行現場に残された張り紙「東京万歳」の文字に隠されている。

「京」の字に横棒を一本加えた「東京」とは何か？　小木新造の『東京時代《とうけい》――江戸と東京の間で』によると、江戸が東京に変わった当初、人々はこの街を「とうきょう」と「とうけい」、両方の呼び名で読んでいたのだという。また、その漢字も「東京」だけでなく、「東京」が当てられることも多かった。

そして明治期にこの「東京」という言葉に、特別なアイデンティティーを託す人々が現れる。小説の中で、中村刑事が訪ねた東京都職員の郷土史研究家、堂迫は「東京」をこのように説明している。「つまり、江戸という封建都市から東京という近代都市へ変わっていくはざまにあって、そのどちらにも属さないような、一種理想郷めいた街がこの地に現われた……」と。

「一種理想郷めいた街」とは何か。明治の世になり、それまでの江戸の中心地にあった広大な武家地が開放され、そのぜいたくな庭園や緑地は、一時的に庶民の憩いの場となった。これが、つかの間に出現した「一種理想郷めいた街」である。だが、その街の姿は、新政府の都市計画によって失われていく。江戸市民にとって、長く親しんできた江戸の町が、薩摩藩、長州藩の出身者が牛耳る新政府の手によって変えられていくことは、屈辱でもあった。「東京」は、そんな江戸庶民の風土愛の感覚を表す言葉でもあったのだ。

水の都江戸へのノスタルジー

『火刑都市』の犯人が放火する地点は、四谷二丁目、赤坂見附、霞が関一丁目、虎ノ門一丁目、新橋一丁目、有楽町一丁目、銀座六丁目、八重洲二丁目、同一丁目、大手町二丁目の一〇箇所。犯行の法則性を知るには、古い江戸地図に重ねてみる必要がある。

犯人が選んだ場所に隠した意図。それは、かつての江戸城の外堀に置かれていた「見附御門」である。小説の中では、郷土史研究家が以下のように説明している。

この最初の四谷は四谷門、次の赤坂は赤坂門、虎ノ門は文字通り虎ノ門です。それからこの新橋のホテルのあたりは昔、幸橋門があったあたりです。それからこの日比谷あたりには山下門がありましたし、数寄屋橋には数寄屋橋門がありました。その北の八重洲二丁目は鍛冶橋門のあったあたりですし、八重洲一丁目は呉服橋門、大手町のは常盤橋門です。

見附御門とは、かつての江戸城の城門で、見張りの施設があった場所だ。「見附」「見付」の語源は、「敵を見付ける」の意。江戸時代には、この城門が内堀と外堀合わせて三六箇所に設置されていた。

犯人がかつての見附御門を狙ったのには理由があった。かつての江戸は、運河や小さな河川が縦横に走り、水路を使って人や物資を運んでいた水運都市だった。これら運河を下水として使わなかったため、水質は非常に良く、町中を魚が棲む水が流れる、極めて衛生的なものだったという。

だが水運都市江戸の主立った運河や水路は、次第に埋め立てられ道路へと姿を変えていく。かつての外堀の名残は、近年までいくつか残されていた。飯田橋（牛込見附）の飯田濠が、再開発により埋め立てられ始めたのが一九七五（昭和五〇）年のこと。この時の埋め立てには、当時、住民からの反対運動が巻き起こったが、その模様は本作でも描かれている。犯人は、こうした反対運動の関係者だった。彼が週刊誌に送りつけた犯行声明では、こういう記述がある。

近い将来、地震は必ず起る。震災が起れば火が出る。そういう規模の火災なら、たちまち消防機能はパンクする。延焼はどこで止まるというのか？　また炎を逃れて都民は、一体どこへ逃げるのか？

放火犯は、江戸への想いというノスタルジーを動機の一つとして抱いていただけでなく、都市の震災・防火対策という政策への不満を募らせていた一種の政治犯だった。

ホテルニュージャパンの跡地

ホテルニュージャパンが建っていたのも、かつての外堀沿いである。この辺りは、国会議事堂と赤坂御所のあいだ。現在では外堀の大半は埋め立てられ、外堀通りとなっているが、この赤坂見附の交差点から紀伊国坂にかけての首都高新宿線の脇には、かつての姿のままの弁慶濠がひっそりと残されている。

かつての水路と現代の火事。この二つを結びつけることで、島田荘司はこの作品のプロットを思いついたに違いない。

大火災の後、ホテルニュージャパンは営業禁止の処分を受けて消滅した。だが、その焼け跡の土地は、買い手が現れず、長い間にわたってとり残されることになる。ようやくこの場所が解体され、更地になったのは一九九〇年代半ばのことだ。しかし、その再開発の主体だった千代田生命も、二〇〇〇（平成一二）年に経営破綻して計画は頓挫。引き継いだプルデンシャル生命と森ビルの共同計画が、二〇〇二（平成一四）年にオフィス及び高級レジデンスの複合施設であるプルデンシャルタワーを完成させる。昭和の傷痕を封じ込めるには、二〇年の歳月が必要だった。

ホテルニュージャパン周辺マップ

ホテルニュージャパンの火災（1982年2月8日） ©時事

『火刑都市』は、東京という現代の都市を舞台にしながら、探偵役の中村刑事が明治初期の東京へと時代を遡っていくという構造を持っている。古地図と現在を重ねてみる、つまり都市の時間的変化が物語の推進力となる類いの物語はいくつか存在する。例えば、ジェフリー・ディーヴァーの『ボーン・コレクター』(一九九七年/映画は二〇〇〇年日本公開)は、二〇世紀初頭のニューヨークで起きた事件を再現する猟奇殺人鬼が登場するミステリだが、探偵役のリンカーン・ライムは、ニューヨークの古地図を元に、犯人の意図を見つけ出す。いわば古地図探偵である。

こうした構造は、一九八九(平成元)年に劇場公開されたアニメーション映画『機動警察パトレイバー the Movie』(以下、『劇場版パトレイバー』)にも見出すことができる。『劇場版パトレイバー』の舞台は、一九九九年。一九八九年当時から見れば、一〇年先の近未来ということになる。ここで描かれる東京は、〝めざましい発展を遂げきれなかった未来都市〟だ。具体的には、再開発によって生まれた超高層ビル街と、開発から取り残された廃墟のような街並みが隣り合わせになったような中途半端な都市である。

このアニメ映画が製作された一九八〇年代後半は、バブル経済の勢いもあり、商業施設、タワーマンションなどの大型開発が活発な時期だった。現実の東京でめざましい変化を目の前にしながら、開発から取り残された街の未来を描いていたというのは、まるでその後のバブル経済の崩壊を見越していたかのようで驚かされる。

この世界の街並みに未来感はなくとも、科学技術のレベルは一〇年分以上進んでいる。この世界は、「レイバー」という人型二足歩行作業用ロボットが普及した未来だ。レイバーは、戦闘用のロボットではなく、純粋に工事現場で使用されるショベルカーなどの重機の延長線上にある実用的な乗り物である。つまり、『劇場版パトレイバー』の世界は、都市自体はめざましい発展を遂げてはいないものの、都市をつくる「道具」である土木建築機械の技術がめざましく発達した未来なのだ。

東京湾を横断する大堤防計画

警視庁警備部特科車両二課（通称・特車二課）は、レイバーによる事故や犯罪を取り締まるため、警備用レイバーを運用する組織。主人公は、その警備用レイバー「パトレイバー」を操る女性隊員の泉野明《のあ》が主人公である。

映画版第一作である本作は、大々的に都市開発がテーマになっている。この作品世界を本作の脚本家・伊藤和典が手がけているノベライズ版『機動警察パトレイバー――風速40メートル』の記述を引用しながら、この世界の東京における開発の状況説明しよう。

まずは、劇場版の物語の背景として重要な大規模公共事業が「バビロンプロジェクト」である。

木更津沖の第一人工島、川崎沖合にある第二人工島、この二つの架空の人工島の間の埋め立てを行い、さらに木更津－川崎間を結ぶ総延長一五キロメートルの東京湾横断道路を造成するという大規模工事が、この世界では進行している。

現実の世界では一九九七（平成九）年に開通した川崎と木更津を結ぶ地下トンネル東京湾アクアラインの工事が着工したのが一九八九年のことである。ただ、この架空の東京湾横断道路のプロジェクトは、アクアラインのそれに輪をかけて大きなプロジェクトだ。完成したあかつきには、東京湾を一周する大環状線が開通する。

この事業には、東京湾の干拓という意図も含まれている。湾口を塞ぐ横断道路兼堤防には水門が設置されており、「十数か所に設置された水門で潮流を利用した排水が開始され、海面沈下と埋立てにより十年後には東京湾に四万五〇〇〇ヘクタールの用地が確保される」という。

バビロンプロジェクトは、温室効果による地球の海水面の上昇により、将来的に予想される都心部の大部分における水没と、「21世紀を通しての首都圏の用地問題」という二つの問題を背景に計画されたものだ。

そしてこの両者は、当時の現実の東京に共通する問題でもあった。温暖化による首都水没の可能性についてはまだ緊急性が低く、それを具体的にどうするという議論はさほどされてはいなかったが、都心部の用地不足は、一九八〇年代に抱えていた喫緊の課題だった。

大規模開発が困難な時代

一九八六（昭和六一）年に発表された「第二次東京都長期計画」において、東京湾の臨海地域が第七番目の副都心に位置づけられ、のちに「臨海部副都心開発基本構想」が策定される。これにより、埋立一三号地（お台場）や天王洲、芝浦、汐留などが、次世代の東京の都市機能を担うべき開発の対象となる。

この計画は、政府の資金ではなく、民間企業の活力を導入しようという「民活」の流れを受けて進行していたが、一九九一（平成二）年のバブル崩壊に伴う土地の価格急落により、開発の速度は減速することになった。

『劇場版パトレイバー』におけるバビロンプロジェクトという架空の臨海地区の開発も、一九八〇年代に一度は凍結されたのちに復活したという設定になっている。きっかけは、この世界で一九九五年に起こった「東京湾中部大地震」である。「壊滅した既成市街地の再開発」が始まると、「大量の瓦礫の処分」をするために、東京湾を埋め立てることによって人工島をつくり、それを結ぶ形で大堤防を造成する事業が、被災した「東京都の提案で再開」されることになった。この設定は、関東大震災（一九二三年）の際に出た瓦礫が、現在の豊洲周辺の埋め立てに使われたという経緯を参考にしたのであろう。

現実の東京は一九九五（平成七）年に大地震に襲われることはなかったが、代わりにバブル経済の崩壊によって多くの開発が頓挫していた（そしてその年には阪神・淡路大震災とオウム真理教事件という大激震があった）。結果、高層ビルと開発から取り残された古い街並みが共存することになった東京の景観は、『劇場版パトレイバー』の描いた未来都市東京と同じような経緯をたどった姿だと言えるのではないだろうか。

建築意匠論を専門とする評論家の森川嘉一郎は、『劇場版パトレイバー』や大友克洋の『ＡＫＩＲＡ』（漫画連載一九八二〜九〇年、映画公開一九八八年）など、一九八〇年代以降の漫画、アニメに共通する「東京」の描かれ方の特徴を指摘する。それは、「高度経済成長的活力に溢れていた頃の東京に『近未来』を逆戻りさせるという方法によって、現代の〈東京〉の喪失を回避している」という特徴だという（『趣都の誕生――萌える都市アキハバラ』）。

『ＡＫＩＲＡ』と『劇場版パトレイバー』が共通して描いたものは、東京湾上に新しい東京をつくり出すという開発の存在だ。

『ＡＫＩＲＡ』の時代設定は二〇一九年だが、第三次世界大戦の核爆発で東京が一旦壊滅したあとに東京湾上に建設された、「ネオ東京」を舞台にしている。一見、新しいアイデアのように思われるかもしれないが、東京湾上に都市をつくるという案は、一九五〇年代末の建築界ですでに議論されていた。

一九五八（昭和三三）年には、日本住宅公団初代総裁・加納久朗《ひさあきら》によって東京湾埋め立てによる新東京の造成、及び皇居の移転を提案した「東京湾埋立による新東京建設提案」が発表されている。また、同じ頃に建築家の菊竹清訓《きよのり》が考案したメガフロートによる浮島方式の都市は、建築家が考えた海上都市というアイデアの先駆けと言われる。そして、建築家の大高正人による「東京湾海上都市」案が出されたのも一九五九（昭和三四）年だった。

さらに、これらの集大成的な存在として、世界に向けてアピールするためにまとめられたのが、世界的に高名な建築家・丹下健三の「東京計画１９６０」である。

これは一九六一年に東京大学丹下健三研究室が発表した都市計画案であり、当時門下生だった磯崎新や黒川紀章らが中心となって東京という都市の構造改革を唱え、東京湾に新しい都市を建設しようというものだった。

黒川らは、のちに建築や都市を、新陳代謝を行う生物のように環境に適応しながら姿を変えるものとして捉え直す「メタボリズム」という建築運動を先導する。「東京計画１９６０」で提示された東京湾海上都市も、単に埋め立ててそこに都市をつくろうという発想ではなく、都市＝土地という常識から離れる発想で考案されたものだ。メガストラクチャーとしての都市、集積した人工物の中に人が住むという発想である。これは明らかにバビロンプロジェクトの発想の元ネタになっているし、『劇場版パトレイバー』における、レイバー整備施設の海上プラットフォーム「方舟」を彷彿とさせるものである。

メタボリズムという建築運動が生まれた背景には、当時の人口増があった。

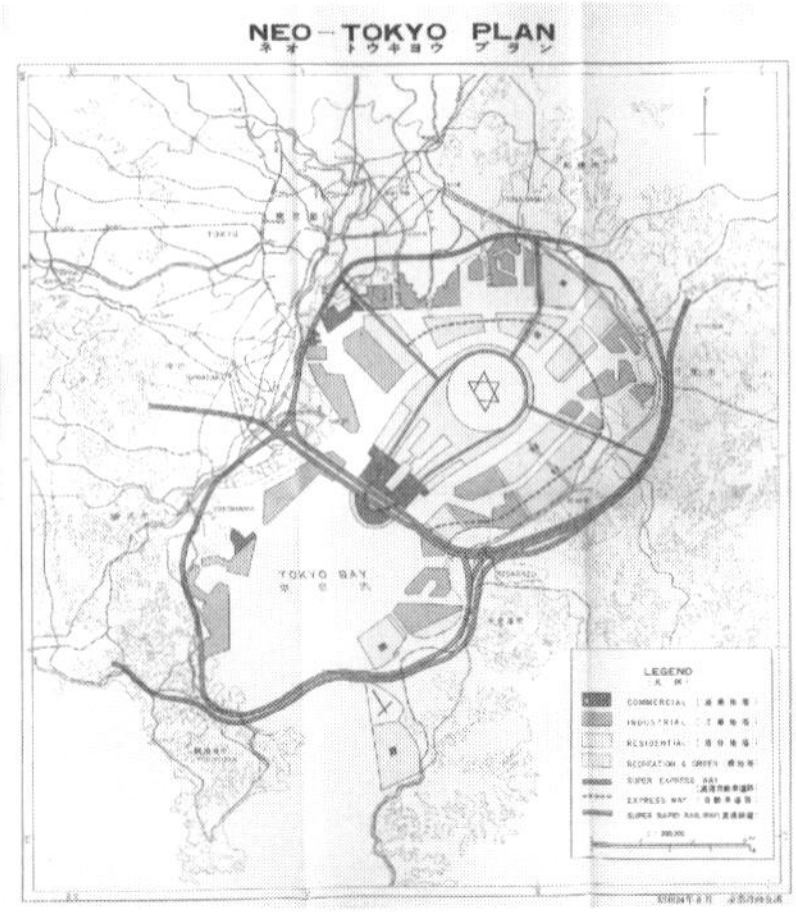

新東京の造成計画案「東京湾埋立による新東京建設提案」（1959年）

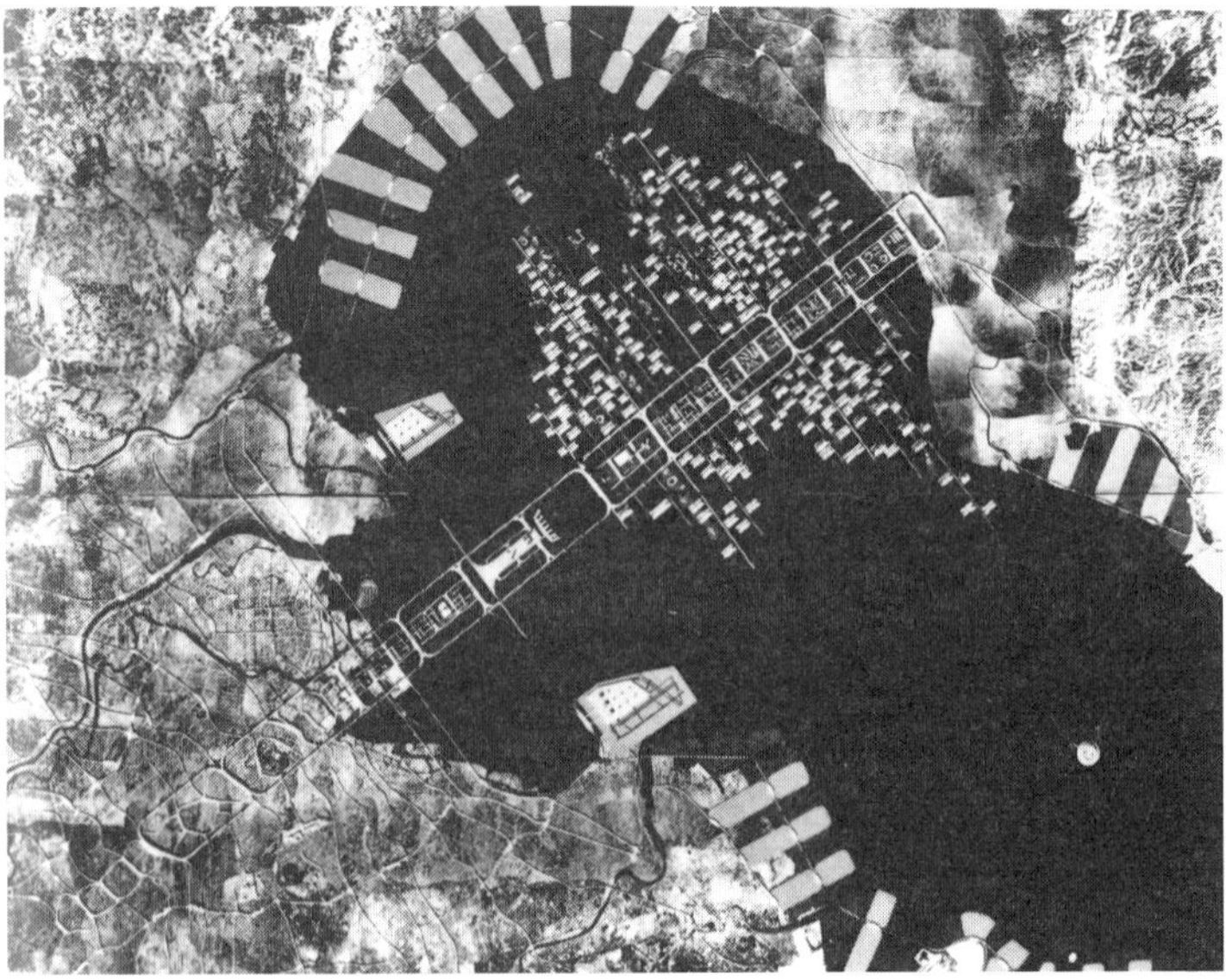

丹下健三研究室による都市計画案「東京計画1960」（1961年）

長期の好況と都市部への人口流入期はおおむね重なっている。戦後の都市部への人口流入の大きな山は、大まかには高度経済成長期（一九五四〜七三年頃）とバブル経済期（一九八六〜九一年頃）の二つである。最初の山で建築家たちのメタボリズム運動による東京湾海上都市案が発生し、次の山では漫画・アニメ作家らによって『ＡＫＩＲＡ』や『劇場版パトレイバー』などで架空の東京湾内都市が描かれたというわけだ。

『劇場版パトレイバー』の世界は、国家規模の大規模開発がすでに難しくなった一九八〇年代以降の現代社会が舞台である。成熟した都市に住む人々に、高度経済成長期のような荒々しい開発は受け入れられない。しかし、それを突破するための装置として「東京湾中部大地震」という非常事態を設定し、大規模再開発が成立する世界を描いたのだ。これを森川は「活力に溢れていた頃の東京に『近未来』を逆戻りさせる」ことで、「作品の物語と魅力を支える舞台を絞り出し」たと指摘する。

この作品においては、旧来の東京（中途半端に開発が頓挫した多くの未開発地域＝廃墟寸前の街並み）が残されているというところが肝である。その光景は、急速に開発が進んだ高度経済成長期の東京を下敷きにしているのだ。

OSの不具合によって暴走するレイバー

バビロンプロジェクトによる湾岸地域の工事現場では、作業用レイバーの連続暴走事件が発生する。捜査の結果、どうやら鳴り物入りで登場したばかりの新しいOSの暴走が原因らしい。まだWindows95も登場していないこの時代に、OSの不具合が社会的な事件に発展するというアイデアは斬新だった。

このOSをほぼ一人でつくり上げた、篠原重工の天才ソフトウェアエンジニア帆場暎一に嫌疑がかかる。だが帆場はすでに自殺しており、この世には存在していなかった。

帆場は故意にレイバーを暴走させるプログラムを仕込んでいた。ある一定の条件においてレイバーは暴走するのだが、近い将来、さらに大規模なレイバー暴走事件に発展する仕掛けが施されていることがわかる。

物語は、帆場の仕掛けと犯行の動機に迫っていく。

残されたヒントは、帆場が残した数少ないデータ、それは二六回にわたって転々と東京都内を引っ越しつづけていた住所の履歴だった。野明らが属する特車二課第二小隊の隊長後藤の個人的な依頼を受け、刑事の松井は、相棒の片岡とともに帆場の過去の住居を訪ねて歩く。

帆場が住んでいたアパートは、どこも古く廃屋寸前だった。「帆場って男の気が知れませんね。レイバー関係のプログラマーといえば、高給取りでしょ。何がよくて取り壊し寸前のボロアパートばっかり転々と……」。片岡の台詞だ。聞き込みを繰り返しても、そこに住んでいた男のことなど、誰も憶えていなかった。

帆場の転居跡を辿り続ける刑事二人は小さな船に乗り、水路から東京の街を眺める。このアニメ映画の背景画は現実の東京の風景を写真に収めて描き起こしているため、実在の建造物が見える。たとえば、彼らがくぐる橋が「聖橋《ひじり》」であることから、そこが神田川であることがわかる。JR御茶ノ水駅から水道橋辺りを移動したようだ。

背景画として俯瞰で描かれた絵からは、この辺りの街の構造が浮かび上がってくる。川沿いには木造のバラック風一軒家が建ち並び、小さな船が係留されている。ここで暮らす人々の交通手段なのだろう。しかし、バラックのすぐ外側には高層ビルが建ち、高架の道路が渡され、そのさらに上を高速道路が横切る。川沿いで暮らしを営む古くからの住人の生活環境の上に覆い被さるように、自動車用の道路が建設され、近代的な都市空間が構築されていったのだ。

そんな二層レイヤーの都市像が立ち現れてくるのが、この『劇場版パトレイバー』の世界における一九九九年の東京である。

帆場が住んでいたアパートを訪ねていくうちに、松井刑事はそれらのポイントからの光景にある共通点を見出す。どの部屋からも超高層ビル群が見えるのだ。

帆場は、古いアパートの窓から新しい都心を常に仰ぎ見る生活を送っていた。松井刑事がそこに気がついたのは、水路を移動したからだ。水辺にこの都市の人々の生活があり、それは近代都市である高層ビル街での生活とは切り離されたものでもあった。

二層レイヤーの街の上部には、近代のビル街があり、下層部に「水辺の町」という、近代都市に覆われて目立たなくなった一角が存在する。帆場の残したメッセージとは、廃れゆく街の住人からの、無計画な近代的都市開発への告発だった。

松井刑事は、調査報告を特車二課の隊長である後藤に伝える。

「あのあたりは八〇年代の土地狂乱の頃、地上げで壊滅した町の一部でね。その後の国土法の制定やらなんやらで、結局活用されずに、いわば宙に浮いていた土地だったんだそうだ。それでも、来年の夏までには、高層ビルがおっ立つらしい」

「それにしても、奇妙な街だな、ここは。あいつの過去を追っかけてるうちに、何かこう、時の流れに取り残されたような、そんな気分になっちまって……ついこの間まで見慣れていた風景が、あっちで朽ち果て、こっちで廃墟になり、ちょっと目を離すときれいさっぱり消えちまってる。それにどんな意味があるのか考えるより早くだ……ここじゃ過去なんてものには一文の値打ちもないのかもしれんな」

無秩序に再開発が行われ、かつて活気のあった下町や商店街が廃墟のようになっていく。二層レイヤーの下層部の、取り残された古い町の住民である帆場が東京壊滅を目論んだテロ事件を計画した背景には、いびつな都市計画のありかたそのものへの怒りがあったのだ。

後藤隊長は、犯罪者である帆場に少し同情的だ。勤務中にも釣りを楽しむことを日課としている彼は劇中でこう語る。

「オレたちがこうして話してる場所だって、ちょっと前までは海だったんだぜ。それが数年後には、目の前のこの海に巨大な街が生まれる。でも、それだって、あっという間に一文の値打もない過去になるに決まってるんだ。タチの悪い冗談につきあってるようなもんさ……帆場の見せたかったものって、そういうことなのかもしれないな」

位置関係を示しておくと、『劇場版パトレイバー』における、特車二課の基地がある場所は大田区城南島の埋立地だ。当初のシリーズ設定では、当時一三号埋立地と呼ばれていた、現在のお台場だった。

開発されて更新されていく都市。そこに取り残され、抗おうとするものたちの視点が、『火刑都市』、『劇場版パトレイバー』の両者には描かれている。

押井守の「東京原住民」という視点

『劇場版パトレイバー』の四年後に公開された『機動警察パトレイバー2 the Movie』(一九九三年公開、以下『劇場版パトレイバー2』)も、一作目と同じ押井守監督、伊藤和典脚本というコンビで製作されたアニメ映画である。本作もまた押井守による東京論として読み解きができる。今回の敵は、東京を戦争状態に陥れようと企む元自衛隊幹部のテロリストである。

横浜ベイブリッジ(一九八九年開通)が突如、所属不明の戦闘機によってミサイル攻撃を受けるところから物語は始まる。この戦闘機は自衛隊所属機であることが判明する。

それに引き続き、自衛隊の三沢基地所属機が東京上空に飛来したと見せかける、航空自衛隊の防空指揮管制システムへのハッキング事件が発生。平和ボケしていた日本にクーデターの暗雲が立ちこめ、警戒を強める警視庁と自衛隊が対立するなど、非常事態へと発展していく様子が描かれている。現在、日本の法律に戒厳令は存在しないが、東京は事実上の戒厳状態に置かれたのである。

クーデターを裏で演出する元自衛隊幹部の柘植《つげ》は、昔の部下であり恋人だった人物との接触を試みる。その部下とは、主人公の野明たちが所属する特車二課第一小隊の隊長、南雲《なぐも》しのぶだ。接触のために柘植が指定した場所は、頭上に高速道路が高架する水路である。おそらく都心の、港区浜松町、浜崎橋、海岸通り辺りだろう。接触は失敗。待ち伏せに気づいた柘植は高速艇で水路を逃走する。

柘植は網の目状に張られた水路を駆使する。自動車と鉄道中心という近代化において生まれた東京の交通網ではなく、かつての水運都市の遺産を駆使する。柘植もまた前作の帆場暎一同様、水運都市としての東京をよく知っているキャラクターなのだ。

柘植の〝東京を戦争状態に陥れる〟という計画は、ほぼ成功を収める。湾岸地域からは戦闘用ヘリコプターが飛び立ち、東京の要所である勝鬨橋、佃大橋、永代橋、隅田川大橋などが次次と爆撃される。

テロの標的が橋に集中しているというのは、この物語の重要な部分だ。『劇場版パトレイバー』の二作品では、これまで見てきたように、過剰なまでに水路と橋が描かれているが、その理由の一端は、監督の押井守の口からも語られている。

僕は大森出身で、東京の海っぺりを見て育っているんです。東京の風景として思い浮かぶのは、大森とか蒲田とか町工場が並ぶ大田区の光景が東京の風景だったりする。だから、東京を舞台に物語を作るときには、東京を見るポジションは常に湾岸地域になるんです。本当の東京人は田舎者ですよ。都会的な暮らしをしている都心の住人たちは、あとから移り住んできた人たちで、僕ら辺境にいるのが東京原住民。埋め立て地から飛び立った戦闘へりたった3機で都心を破壊するという話を作ってしまうのは、原住民である僕の東京というものへの思いでもある（笑）。

（「特別対談　押井守×今野敏」『ランティエ』二〇一〇年三月号）

この押井の言う「東京原住民」の視点が、まさに「水辺の町」側の視点になるのである。一九九〇（平成二）年、つまりバブルの最中、劇作家の榎本滋民《しげたみ》が東京について書いたエッセイには、このようなフレーズがある。

東京という地域の歴史は、渡来者群による中心部の開設にともない、周辺部へと押しのけられた先住者群が、膨張する中央部に養分を供給させられながら、さらに後退して行く——、こうした図式の波状的な反復であったと、概観することができるだろう。

（『江戸・東京を造った人々1——都市のプランナーたち』）

榎本は、土着の先住者からの視点として不動産業、建設会社といった開発の「仕掛け人」たちを「呪うべき残虐な侵略者」と見なしている。特に、都心部の地価高騰が進み、先住者にとって都心が住みにくい場所になっていた時代でもある。押井のような「東京原住民」たちの間にこのような意識、更新されていく都市への抵抗という気持ちは強く持たれていたのだろう。

押井守が手がけた『劇場版パトレイバー』の帆場と柘植。そして、島田荘司の『火刑都市』に登場する連続放火魔。彼らは、同様に東京という都市の発展そのものに疑問を抱いていた。その根本にあったのは「水辺の町」という視点であり、それを無視した都市計画のあり方への批判なのだ。

『釣りバカ日誌』が描く水運都市東京

ここでもう一つ、「劇場版パトレイバー」と同時期に製作された映画を取り上げてみたい。一九八八(昭和六三)年に公開された映画『釣りバカ日誌』の第一作目である。

本作で西田敏行演じる、大手ゼネコンの鈴木建設で働く社員、ハマちゃんこと浜崎伝助は、高松の支社から東京本社への転勤辞令を受け、北品川の釣り船屋の向かいに間借りを始める。ある日遅刻しそうになったハマちゃんは、中本賢(旧芸名アパッチけん)演じる釣り船屋の経営者太田八郎に、会社まで船で送ってくれとせがむ。渋滞する首都高の下を船で行く太田は、隣のハマちゃんにこう言い放つ。

「陸《おか》を行くやつはバカよ」

北品川から日本橋界隈に所在すると思われる鈴木建設まで、水路で行くと交通渋滞もなく東京湾を横切り、隅田川を上り、ほぼ直線で日本橋に着いてしまう。日本橋のたもとに船を着けてもらったハマちゃんは、そのまま出社するのである。鉄道を使っても、京急本線から乗り入れる都営浅草線なら、日本橋までほぼ直線でアクセスできるとはいえ、水路を使えば、満員電車と人ごみで溢れる雑踏という二層レイヤー上層部ならではの煩わしさがない。

釣り船屋太田は、海と川で仕事をする「水辺の町」の人間であり、土地に根付いたいわば「東京原住民」だ。そしてその釣り仲間のハマちゃんは地方出身でありながら、太田と同様に、東京を「水辺の町」側からハッキングする存在なのだ。

この二つの映画、『劇場版パトレイバー2』と『釣りバカ日誌』の冒頭を比較し、両者が持つ「水路から見た東京」という視点に着目したライターのいしたにまさきは自身のブログ「みたいもん」で、日本橋の上を首都高が覆った翌年の一九六四（昭和三九）年を、東京の「都市交通が運河から道路に決定的に切り替わった」瞬間と指摘する。

江戸時代に張り巡らされた濠や運河は、当時の人々の物流や交通手段として主に用いられていた。それらが埋め立てられていくのは明治以降の都市計画によるものだ。まだ残されていた濠や水路の上に高架の高速道路が建設されていったのが、まさに一九六四年前後のことである。

菅原健二編著『川跡からたどる江戸・東京案内』では、こう説明されている。

昭和三九（一九六四）年には東京オリンピックが開催された。これを機に新幹線や高速道路などの建設が進められたが、とくに高速道路は公共用地の利用が原則とされた。その結果、川の水面空間が利用されることとなった。水路は次々と埋め立てられて高速道路に変わり、日本橋も埋め立ては免れたものの、水路に蓋をする形で高速道路がつくられた。

「水辺の町」、または「水運都市」として東京を見つめ直すという視点は、現代においてはむしろ復活の機運がある。

「水路に蓋をする形で高速道路がつくられた」という話で思い浮かぶのは、二〇〇七（平成一九）年に公開された映画『ＡＬＷＡＹＳ 続・三丁目の夕日』である。本作では、まだ高架の首都高速道路（以下、首都高）がない頃の日本橋がＣＧで再現された。「昭和34年――日本の空は広かった」というキャッチコピーからもわかるように、この映画の意図の一つには、首都高に覆われる以前の日本橋へのノスタルジーを喚起することがあったようだ。

日本橋の景観を巡り考える都市イデオロギー

日本橋川という一級河川にかかる橋梁としての日本橋。一六〇三（慶長八）年、徳川家康によって創架されたのはもちろん木造のものだった。家康の道路網整備計画に際して、五街道

（東海道、中山道、甲州街道、奥州街道、日光街道）の基点とされ、江戸の賑わいの中心地でもあったこの場所には、日本の道路元標が置かれている。江戸東京博物館の六階には、長さ約五一メートル、（二八間）、幅約八メートル（四間二尺）だった当時の日本橋の北側半分を再現したものが展示されている。また、羽田空港の国際ターミナルには、二分の一のスケールでこの一六〇三年の日本橋を再現した「はねだ日本橋」が完成した（二〇一四年）。

そして、現在の日本橋は、第二〇代目にあたり、ルネッサンス式石造石拱橋として一九一一（明治四四）年に建造されたものだ。国の重要文化財として指定されている。

東京の世界へ向けた玄関口である羽田の国際ターミナルに「はねだ日本橋」が登場したことからわかるように、東京が自らの都市としてのアイデンティティーを提示する場面で、「江戸」のイメージが使用される機会は多く、「日本橋」はその象徴と見なされている。

昨今の日本橋の「美観回復運動」の盛り上がりからは、特にその傾向が感じられる。

かつての日本橋の石造りの橋の上に首都高の高架が交差している光景。これに首都高の地下化などの手段を講じることで、かつての日本橋の光景を復活させようという話が、財源問題などの障壁はあれど、メディアなどでも取り上げられる話題になっている。

二〇〇六（平成一八）年に発足した「日本橋川に空を取り戻す会」は、会の名前どおり、日本橋の光景を取り戻すことを目的とする財界人や文化人による意見表明のためのグループであり、当時の小泉首相への提言も行ってきている。

彼らの批判とは「効率優先の街づくり」に向けられている。具体的には、「一九六四年の東京オリンピック開催に向け、緊急に整備された首都高速道路」によって「潤いと美しさのない街」が生まれてしまったというのだ。この問題の象徴が、日本橋の上に被さっている首都高の景観なのだ。その後に二〇二〇（平成三二）年の東京オリンピックの開催が決まったこともあり、機会があるごとに日本橋の美観論は再度の注目を集めている。

これに強く反論するのは、自動車評論家の清水草一と写真家の大山顕である。

清水の主張はこういうものだ。

一九六四（昭和三九）年の「東京オリンピック」に向けて行われた突貫工事の象徴であり、エネルギーに溢れていた半世紀前の日本人の魂が込められています。どちらを誇るべきかは、いうまでもないでしょう。

一方、工場や団地、ジャンクションといった都市建造物などの写真を撮る写真家の大山顕は、「水運インフラのための日本橋川（これだって人工だ）、街道インフラ整備としての日本橋、そして昭和の大インフラ・首都高、と各時代のトランスポーテーション・インフラがミルフィーユのようになっている貴重な風景なのだ。ついでに地下には銀座線もいる。全四層」と、レイヤー型に積み重ねられる都市の構造を指摘する。大山にいわせると、「〝醜い景観〟があるわけじゃなくて〝醜い見方〟があるだけだと、ぼくは強く思う」と首都高悪玉論者の都市の見方を批判する。

美観は見る人の主観でしかない。すでに五〇年以上の歴史を持つ首都高は、すでに遺産であるという見方を清水が提示し、さらには四層建てのレイヤー的な都市のあり方に価値を見出す視点を大山が提示している。

タルコフスキーの映画『惑星ソラリス』（一九七二年）で描かれたこともある首都高。ビル街をすり抜けて走る世界的に見ても希な存在である首都高速には、遺産と呼ぶだけの価値はある。また、首都高を地下化し、再現される日本橋が人工的で空虚な偽物ではないのかという疑問も当然湧き上がる。こうした議論を踏まえると、江戸の風景を現在に再現することが「美観回復」であるという考え方のイデオロギー性が目に付いてしまう。

首都高撤去派と首都高肯定派。両者ともに都市の歴史を重んじるという見方は共通するものの、前者は、近代以降の都市の歴史を、〝改悪〟と捉えており、後者は近代化の跡も〝産業遺構〟として評価する。単なる「開発批判」対「開発擁護」ではない。

都市のあり方、都市の刷新のあり方に対して批判的な意見が生まれ、議論が生まれることは都市の未来にとって明るい材料だが、両者を隔てる「思想」には大きな分断がある。この二つの「史観」にどういう折り合いの付け方があるのか、それを探るような議論が行われるべきなのだろう。

第五章

接続点としての新橋

――鉄道とテレビ、二つのメディアのステーション

東京β

TOKYO BETA

鉄道とテレビ、二つの新橋を意味づけるメディア

一九五四（昭和二九）年二月一九日に開催された力道山・木村政彦組対シャープ兄弟のプロレスの試合は、戦中戦後の娯楽に乏しかった人々が待ち望んだエンターテインメントの登場の瞬間として、またはテレビが登場した時代を象徴するメディア史的事件としてよく知られている。

プロレス中継は、当時はＮＨＫと日本テレビの両局で行われていた。当時のプロレスは、一般紙でも記事が出るなど、今とは違った扱われ方をしていた。それだけ当時は国民的な関心事として捉えられていたということである。

まだ敗戦の記憶も色濃く、力道山がシャープ兄弟に空手チョップをたたき込む場面を、当時の人々は、太平洋戦争における「日米決戦」の続きとしても見ていたのだろう。

社会学者の大澤真幸は、「力道山のアメリカ性の否認は、アメリカ的なものの受容に先立たれ、規定されていた」（『不可能性の時代』）と指摘している。当時の日本人は「アメリカ的な大衆娯楽」として、力道山による「アメリカ退治」を楽しんだにすぎないのだ。

力道山のプロレスは、テレビで中継されたメディアイベントであると同時に、大勢の人が同時に同じ場所で同じ場面を目撃するという、体験型イベントの側面もあった。テレビの誕生は、

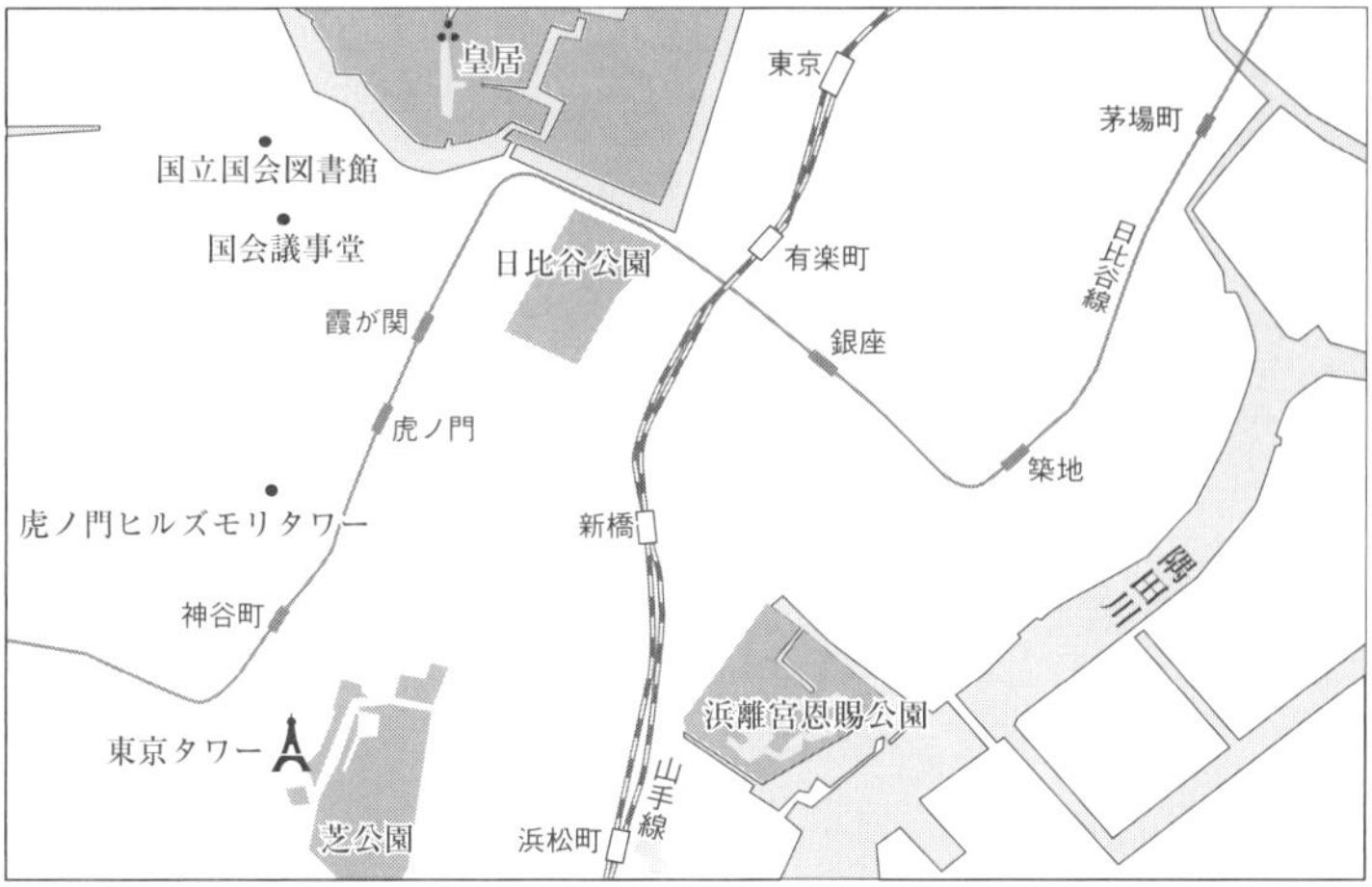

新橋駅周辺マップ

街頭テレビでプロレス中継を見る人々（1955年７月１日）　© 朝日新聞社／時事通信フォト

家にいながらにして同じ情報が受信されるという本格的なマス・メディアの登場を意味したが、日本では当初街頭テレビという形で人々の前に登場したからだ。

当時の東京で最も人の集まる場所だった新橋駅西口には、このプロレスを中継するために二台の二七インチテレビが設置されていた。集まった観衆は、約二万人に上ったという。いわゆる「パブリックビューイング」のはじまりだが、当時にしては大きかった二七インチのテレビ画面といえども、二万人で見るにはさすがに小さすぎる。人々は、実際の中継映像を見て試合を楽しんだとは考えがたい。大半は、周囲の歓声などに一喜一憂していただけだったのだろう。ただ、そこに居合わせることの方の意味が大きかったようだ。だからこそ、街頭テレビは体験型イベントだったのだ。

新橋は、日本で最初に鉄道が開通したときの始発駅でもある。鉄道の開通は、日本の近代化の黎明期を代表するイベントの一つだった。鉄道とテレビ。この両者の始まりの場所が、同じ新橋だったというのは興味深い。

鉄道は、交通手段、テレビは映像メディア。両者はまったく別の分野に見えるが、メディア研究者のマーシャル・マクルーハンによるメディアの定義は、人間の身体を拡張するテクノロジーということになる。移動のための足の拡張である鉄道はメディアだ。また、線路というネットワークの向こうに接続された街について想像を巡らすことができるという意味においても十分メディア的である。

テレビ、鉄道という二つの重要なメディアの登場に、新橋という街は深く結びついている。その新橋の歴史を辿ることで、近代化が始まる明治から現在までのメディアを通して日本人が見ようとしてきた何かが見えてくるかもしれない。

現在の新橋は、サラリーマンの街である。そのイメージにつきる。テレビのニュース番組で、サラリーマンに景気の善し悪しなどについて尋ねるような場面で使われるのは、必ず新橋駅前のSL広場だ。だが戦後すぐの新橋は、東京でも最大規模の闇市を形成していた。さらに戦前の新橋は、当時随一の花街だった。さらに遡り、明治の時代には、帝都東京の玄関口としての役割を担っていた。これだけ時代によって印象が異なる街も珍しいのではないだろうか。

明治新政府の鉄道政策

日本最初のターミナル駅として誕生した新橋停車場を擁した新橋の街は、一八七二（明治五）年から一九一四（大正三）年まで、四二年間にわたって帝都東京の玄関口としての役割を担っていた。一八七二年とは、日本の鉄道開通の年である。当時の新橋停車場は、アメリカ人の建築技師リチャード・P・ブリジェンスの設計による木骨石張り二階建ての西洋建築で、文明開化のシンボルそのものだった。

明治新政府による近代国家の建設に、この新橋停車場が大きく貢献したといっても過言では

当時の新橋停車場（『旅の家つと』第29号、明治33年７月）

ない。欧化政策を打ち出した新政府が真っ先に手を付けたのは、新しい日本の帝都となる東京の都市計画であり、新橋停車場の周囲にはアメリカをはじめとした外国の公館が建設され、近隣の築地も外国人居留地として発展する。そんな新橋界隈は、自然と国際的な色を見せる街になっていった。

また、新橋停車場の開業と同年四月の大火によって焼失した銀座は、煉瓦街として再生されることになった。東京の玄関口の新橋、そしてその目と鼻の先の繁華街、銀座。新政府が描いた帝都の近代化の未来図は、まずこの二つの街の変化によって実体を見せはじめた。

だが、明治新政府による鉄道計画は、当初から難航した。当時の政府内では、鉄道の敷設には反対という意見が大半だった。

新国家の建設というタイミングに際して、鉄道の敷設は、莫大な費用がかかりすぎた。もっと他に、手を付けるべき分野がたくさんあるというのが主流派の意見だったのだ。

例えば鉄道反対派の先鋒だった西郷隆盛は、軍隊・軍備の近代化を強く主張していた。西欧列強の圧力という目の前に迫る現実を見るのが優先事項であり、国内のことはあとまわしでいいと主張していたのだ。なにしろ当時の日本は鉄道の技術を持っていなかった。鉄道を敷設するということは、イギリスから鉄道を技術者ごと輸入することを意味したのである。

その中で強く推進の側に立っていたのは、大隈重信と伊藤博文である。そして、反対派が主流だった新政府が、一転して鉄道敷設推進に転じたのは、大隈と伊藤の説得によって推進側に回った岩倉具視の鶴の一声によるものだったという。天皇の京都への里帰りに必要であるという岩倉の主張が、反対派を黙らせる形でこの案を通過させたのだ。

結果から見ると、明治政府が早い時点で首都に鉄道を導入したことは、軍備の近代化という意味においても近道となった。のちに日本が遼東半島など大陸に進出するにあたり、鉄道の技術は欠かせないものになっていくからだ。

当初は、新橋－横浜間に敷かれた鉄道だが、帝都東京と関西を結ぶ日本の大動脈の完成を目論んで計画された新政府の一大プロジェクトでもあった。ちなみに、当時の横浜は、日米修好通商条約によって開港した外国との窓口。資材もここに到着するため、鉄道線路の敷設は横浜からはじまっている。

立身出世と鉄道

司馬遼太郎の『坂の上の雲』の主人公は、日露戦争において騎兵隊を率いロシアのコサック兵を破った人物として知られ、のちに陸軍大将となる秋山好古《よしふる》と、その弟で、日露戦争では海軍参謀としてバルチック艦隊を撃破した立役者と呼ばれる秋山真之《さねゆき》、さらには、真之の幼なじみであった俳人の正岡子規の三人だ。

明治初期という鉄道がこれから始まろうとする時代を舞台にしたこの小説を、主人公たちの移動＝上京と出世を巡る小説として読むことができる。

秋山兄弟と正岡子規は、四国の松山藩の出身。秋山好古は、大阪の師範学校を卒業後、名古屋の小学校教師としての勤務を経て、一八七七（明治一〇）年に陸軍士官学校に入学するため上京している。秋山家は旧武士階級ではあるが、その中では最底辺に近い家柄である。だからこそ、彼らは故郷に留まることなく、中央に向かう道を選んだ。

司馬は、明治の時代を「諸藩の秀才競争社会」と呼んでいる。旧薩長中心の維新勢力が牛耳る政府において、「賊軍」に属していた旧藩出身者は肩身が狭かった。そのため中央に秀才を送り込み、地方へ権益が回ってくるようにする必要があった。当時の地方では、旧藩主の資本を背景に育英団体が設立され、多くの若者たちが出世を夢見て勉学に励んだ。「立身出世」の時代である。

明治期に設立された官立の師範学校は、授業料が無料であるばかりか、生徒には生活の保障すら与えられた。また一八七四（明治七）年に陸軍士官学校が、そして一八七七（明治一〇）年に、東京大学が設立された。高等教育への進学率は高くなかった時代とはいえ、広く優秀な人材が身分とは別に登用されるようになった。

それまでは藩という制度の下、生まれ育った故郷から出ることは許されなかった地方の若者たちが、中央での就学、さらにはその後の就職という希望を持って東京を目指す背景には、地方と都市部の間の交通をスムーズにした鉄道網の発達が関わっている。その地方から「上京」した当時の若者たちが降り立った場所が、新橋停車場だった。

三四郎と東海道線、新橋‐神戸間の開通

好古が東京に向かうために辿ったルートに、当初、鉄道はなかった。名古屋から横浜まで、さらに横浜から品川までも汽船で渡航したという。上京の際に鉄道を使ったのは、その六年後の一八八三（明治一六）年に上京を果たす正岡子規である。

松山中を中退した子規は、松山から神戸、そして神戸からは神戸‐横浜航路の汽船に乗り換えて東京へ向かっている。この全移動行程に「四、五日はかかった」のだそうだ。

子規は横浜から鉄道に乗り、新橋停車場に降り立った。新橋からは人力車で、日本橋区浜町の叔父の家に向かっている。途中、銀座の裏通りを通過したが、「東京はこんなにきたなき処かと思へり」と、自身の随筆『筆まかせ抄』に感想を残している。銀座については司馬の小説『坂の上の雲』にも「東京のなかでももっともきたない場所のひとつだった」と書かれている。馬車の時代には、馬車道は馬の糞があちこちに放置されていたのだろう。

好古の弟、真之は、子規の発った数カ月後に上京を果たしている。そのルートは、子規同様、横浜から鉄道である。小説『坂の上の雲』では、馬車鉄道に興味を引かれる真之の様子が描かれている。真之も、上京して最初に見た光景は、新橋停車場に降り立って眺めた新橋の街＝首都の姿だった。

馬車鉄道とは、線路上を走る車を馬が引く鉄道のこと。日本では、まず新橋と日本橋を結ぶ路線（東京馬車鉄道）が、一八八二（明治一五）年に開設された。一八八四年には、その後の東北本線の東京の玄関口となる上野駅が開業し、この馬車鉄道は、上野や浅草と新橋を結ぶ主要な交通機関として機能するようになった。

上野と新橋。現在では山手線でつながっている両駅だが、当時はまだ山手線など存在しない。この上野と新橋の間に、中央停車場を作るべきという意見は、大隈重信などが早くから主張していたのだが、日清、日露戦争などをはさみ、結局は一九一四（大正三）年の東京駅開業まで待たなくてはならない。

夏目漱石の小説『三四郎』もまた、上京小説だ。当然、三四郎も新橋停車場へと降り立ったひとりだった。

この小説の舞台は一九〇七（明治四〇）年と想定されている。秋山兄弟や子規が上京した時代とは違い、すでに新橋–神戸間は鉄道でつながっている（一八八九年開通）。また、その頃には東京と神戸をつないだ東海道線は、さらに先の山陽本線と接続し、延伸していた。

熊本から上京を果たす三四郎の道中は、ほとんどが鉄道の旅である。当時の三四郎の足跡を辿ると、故郷の熊本からは当時の豊州鉄道を乗り継いで門司に到着する。当時は門司から下関までのトンネルが通っていないので、ここから連絡船に乗らなくてはならない。

世界初の海底鉄道トンネルである関門トンネルが開通したのは、太平洋戦争中の一九四二（昭和一七）年なので、かなりあとのことになる。したがって連絡船で下関へ渡ってきた三四郎は、下関からは山陽本線へ、神戸からは東海道本線へと乗り継いで新橋まで来たのである。

現代のわれわれからすればかなりまどろっこしくは感じるが、三四郎の旅は三日間。子規、真之らが、四国松山から東京まで四、五日かかったのに比べれば、かなりのスピードアップだ。

東京の中央ステージとしての新橋駅

日露戦争に勝利した直後の日本は、熱気で沸いていた。

この一〇年前の日清戦争戦勝時と比較してみても、明らかに国民の熱狂度合いは日露戦争後のときの方が高い。その背景には、急速に台頭してきたメディアの影響がある。

当時のマスメディアの中心は新聞である。それ以前の新聞は、「言説」が中心だったが、日露戦争の前後で「報道」中心へと変わっていく。新聞社は、記者と写真技師を戦場に派遣し、写真入りの記事でセンセーショナルに報道するようになる。全国紙が定着するきっかけも日露戦争だ。それ以前は少部数の地方紙が主流だったが、報道に比重が傾くとともに、資金力のある全国紙の時代になっていくのだ。明治政府が中央集権化を進めていった明治初期において、日本はまだまだ地方原理の強い国だった。だが、こうした集権的なメディアの登場などを通じて、「日本」という中央集権国家が成立していくことになる。

また、日露戦争の頃には、新聞だけでなく写真や絵画によって戦争を報道するグラフ雑誌（一九〇四年創刊『戦時画報』など）も目立つようになる。日露戦争の戦況や将兵たちの凱旋を特集した雑誌の増刊号は、図版をたっぷり使って様子を伝えていた。

日露戦争が終わると、戦地から帰ってくる将兵の凱旋が、戦勝を祝う国民的なイベントとなった。その祭典の場は鉄道で彼らが降り立つ新橋である。特に、そのお祭りの頂点となったのは「陸の乃木、海の東郷」と呼ばれた戦争の英雄であった二人の将軍である。

日露戦争終結の翌月、一九〇五（明治三八）年一〇月二二日。バルチック艦隊を撃破した帝国海軍連合艦隊司令長官の東郷平八郎が新橋停車場に降り立ったときには、高さ一八メートルの凱旋門が東郷を迎えた。広場には数万の群衆が集まったという。新橋だけでなく、当時の日本では、全国各地に勝利を祝う凱旋門が建てられ、パレードが行われていた。

翌年一月一四日、約三カ月遅れて凱旋を果たしたのが帝国陸軍第三軍司令官の乃木希典である。乃木への歓迎は、東郷に比べても「いささか様子を異に」する「異様な熱気」（大濱徹也『乃木希典』）に満ちたものだった。この戦争で二人の息子を戦死させた乃木の物語は、新聞を通して、多くの国民の知るところとなっていた。新聞は、軍隊の戦果を伝えるだけでなく、軍人のその人となりがしれるようなエピソード、日常生活などを伝えることで、戦争に向かう国民感情を盛り上げる装置になったのだ。

戦勝の凱旋以外にも、一八九三（明治二六）年にシベリア単騎横断という冒険から帰国した福島安正陸軍少佐（のちに大将）が、同じ停車場前広場で熱烈な歓迎を受けたという記録が残っている。このように新橋停車場は、まさに玄関口としての旅立ちや出迎えの場であり、また発展する大都市の中で華やかなイベントの舞台でもあった。ただし、新橋という街が持っていた、ステージとしての役割は、明治時代の終わりとともに終えることになる。

中央停車場の計画とその誕生

すでに触れたが、東海道線の新橋－神戸間が全通したのは一八八九（明治二二）年のこと。さらにその翌々年には、日本鉄道（のちの東北鉄道）の上野－青森間が全通。これをもって列島を縦貫する幹線鉄道は完成したが、それぞれの始発駅である新橋－上野間は、まだ接続されていなかった。新橋と上野の両駅を結び、その間に新たな中央停車場を作るべきだという案はこの当時から上がっていた。だがそれが実を結ぶまでには多くの時間を要した。

この時期、新橋－上野間は、馬車鉄道によって接続されていた。これは、一八八二（明治一五）年に開通したものだが、約二〇年後の一九〇三（明治三六）年には、電気で動く路面電車に取って代わった。

新しい中央停車場を作るには、都の中心を貫通して線路を敷く必要がある。だが、都心部の地価はすでに高騰し、線路の用地買収のための予算は厖大なものになった。また、自動車や馬車の交通量の多い都心部では、道路と立体交差させる高架鉄道にする必要がある。その建設技術は当時の日本にはなく、ヨーロッパの技術者を招聘しなければならなかった。

こうした諸問題をクリアし、都心を走る高架鉄道、及び中央停車場を作る工事にようやく着手できたのは、一九〇〇（明治三三）年のことだ。しかしその四年後に日露戦争が始まったので、工事は一時凍結された。

時を経て一九一〇（明治四三）年に高架鉄道が完成。東京駅完成までの仮設の停車場として呉服橋駅が設置され、ひと足先に東海道線の運行が開始される。東京駅と名付けられた中央停車場が完成したのは、その四年後の一九一四（大正三）年のこと。ついに東京の新しい表玄関が誕生した。

東京駅が位置する丸の内は、この建物ができる前は「人っ子ひとりいない荒涼たる三菱ヶ原」と揶揄されるような、何もない場所だった（永田博『歴史の中の東京駅ものがたり』）。ただし明治期東京の金融の中心地だった日本橋と、皇居に挟まれた場所なので、本来の地の利は悪くない。かつて陸軍が所有していたこの周辺の土地を、当時三菱グループの当主であった岩崎彌之助（初代当主である岩崎彌太郎の長男）が、困窮する政府のふところ事情を察して買い上げたといわれている。もちろん、将来的な発展を見込んでの買い物である。

一八九四（明治二七）年、丸の内に煉瓦造りの近代的ビルディング、三菱一号館が完成。ここには、三菱合資会社本社と第百十九国立銀行（のちの三菱銀行）が軒を並べ、残りは事務所として他の企業に貸し出された。三菱はこのあとも二号館、三号館と建設し、この一帯をオフィス街として発展させていく。

現在でも丸の内周辺には、丸の内ビルディング（通称丸ビル）など三菱地所系のビルが建ち並んでおり、一帯が三菱財閥の所有地だった形跡を色濃く残している。初期の煉瓦作りの建物は昭和の半ばに一度取り壊されているが、二〇〇九（平成二一）年には、かつての三菱一号館を当時の設計資料をもとに再現して建て、二〇一〇（平成二二）年からは三菱一号館美術館として公開している。

東京駅が開業すると、それまでの新橋停車場は旅客営業を停止する。駅名は汐留駅と改称され、以後は貨物専用駅として利用されることになった。そして新橋停車場の目と鼻の先（約一〇〇メートルほどの距離）に、旅客専用の駅として開業していた烏森駅が、新たに新橋駅を名乗ることになる。現在山手線の駅として使用されている新橋駅がこれである。つまり、鉄道開通の由緒ある新橋停車場は、現在の新橋駅とは異なる場所に置かれていた。その旧新橋停車場は、一九二三（大正一二）年の関東大震災で焼失することになる。

日本最大規模、新橋の闇市

一九四五（昭和二〇）年、第二次世界大戦が終わると、東京の各主要駅には次々と闇市が形成されていくが、新橋駅前では、「終戦の翌々日あたりにはもう二、三人の露天商が、広場で品物を並べていた」（東京都港区『港区史』）というから早かった。

当時新橋駅の周辺は、空襲による被害を最小限にするための建物疎開が行われ、大きな空き地が広がっていた。戦後の新橋が賑わいを見せるようになったのは、駅周辺の空き地の多さが関係していたようだ。この広大な空き地は、終戦直後から闇市へと様変わりする。新橋一帯の闇市は、日本最大規模のものだった。

新橋の西口には地元のテキ屋組織、松田組が仕切る「新生マーケット」、そして汐留口側には中国人が仕切る「国際マーケット」が形成された。この駅を挟んで両勢力がつばぜり合うような構図は、全国に展開された他の闇市でも多く見られるものだった。

小説家の山田風太郎は、戦中戦後と東京が焼け野原になり、多くの人々が貧困を経験した時代の様子を日記に残している。そこには、盗品を含む何もかもが売買される場所、ありとあらゆる食べるものが売られる場所として新橋のマーケットの話がたびたび登場する。終戦翌年一九四六年七月の日記には、当時の新橋がどのような状態だったのかが詳細に記されている。

マーケットの方にゆきて見る。バラック両側にぎっしりと並びて間の路に肩々相摩《けんけんあいま》す人の波。路傍に腰にボロ纏《まとい》たる女と、真裸男児の二人横たわれり黒き豚見るごとし。氷、ぜんざい、コロッケ、おでん、天ぷら、パン、饅頭、野菜サラダ、フライ、コーヒー、およそ食物として無きものはなし、いずれも汚らし。

（山田風太郎『戦中派焼け跡日記』）

風太郎が「バラック」と記した当時の闇市とは、「道路に面して店が立ち並んだり、屋内に通路を引き込んで内部に店が立ち並んだりする長屋形式の低層の商業施設」（初田香成『都市の戦後』）である。風太郎によると、闇市の食べ物の値段は大体同じで、「一皿五円」程度だったという。

GHQは、戦時中までは日本の植民地とされていた朝鮮、台湾の人々を「解放国民」として処遇し、事実上の治外法権を認めていた。新橋駅前の国際マーケットを仕切っていた王長徳は終戦の翌年に大陸から渡ってきた中国人である。「解放国民」ではないが、彼らも同様に守られていた。王は、大陸で手にした大金で新橋駅周辺の土地を買いあさった。闇市に日本側は口出しできなかったが、それを日本人のやくざたちは、おもしろくおもわなかった。「地元テキ屋組織」を束ねた松田組は、新橋駅西口にて、王に対抗するマーケットを展開した。この松田組が仕切る新生マーケットは、戦争中の強制疎開による空地を不法に占拠したものだったが、「帝都復興のためならと東京都計画局から土地の一時利用許可が出た」（前掲書）ことで事実上のお墨付きを得て広がっていった。

これまで引用してきた戦後の闇市の様子が記されている『都市の戦後』という本には、新橋駅前に広がっていた闇市のその後が記されている。

松田組が手がけた新生マーケットには、木造二階建ての建物が建てられ、中に計二八八軒の店が並んでいた。ここは「闇」のイメージではなく、「明るい商店街」としていく案が練られていたが、そうはならなかった。「保険金目当てと言われる火事が相次」ぐことで、健全な発展は阻害された。また「周囲商店街の復興」といった事態に直面し、「明るい商店街」としての「賑わい」は失われていったのだ。その中でも生き残りを模索したマーケットは、小規模の「酒場」が連なる「バラック飲み屋街」へと変貌していった。

こうした「バラック飲み屋街」の事業者の多くは、「困窮していた人々がバラック飲み屋で手っ取り早く新規開業」したもの、つまりは、戦後のどさくさで飲み屋を始めたものだった。「営業者の入れ替わりはきわめてはげしかった」ともいう。

駅前の整備という名の下で、こうしたバラック街の撤去の案が、戦後早い時期から持ち上がっていた。だがその計画は、「マーケットの存在や権利関係の複雑さなどから施行されることはなく、そのままになっていた」という。新橋西口のバラック飲み屋街は、なし崩し的に高度経済成長期末期である一九七〇（昭和四五）年頃まで残っていた。

このバラック飲み屋街こそが現在の新橋の「サラリーマンの飲み屋街」というイメージの諸元である。だが高度経済成長の時代が終わると、この飲み屋街にも変化が訪れる。

バラック飲み屋街の飲食事業者たちが入居できる「建築物の整備」が、一九七一（昭和四六）年の「ニュー新橋ビル」の完成によってようやく実現するのだ。

現在の新橋駅界隈

新橋には、かつての闇市から発展したバラック飲み屋街をまるまる飲み込んだようなビルが二つある。かつての西口、新生マーケットの跡地に建っているニュー新橋ビルと汐留口の国際マーケットの跡地に建った新橋駅前ビルである。

この両商業ビルは、バラック飲み屋街の店舗を収容することにより、周囲の道路や広場を整備する目的で建設されたものである。都と飲食業者たちの思惑には、互いにすれ違いはあったものの、かつての雑然とした飲み屋街の雰囲気は、結果的にビルの中に残されている。基本的には貸しオフィスを中心とする高層建築である新橋駅前ビルの一階には、五、六人も入れば満員という小さな立ち飲み屋が軒を連ね、二〇一六（平成二八）年の現在でもそれは健在である。

一方のＳＬ広場に隣接するニュー新橋ビルは複合商業施設である。入り口の部分が近年にリニューアルされているとはいえ、その中身の古さは隠せない。外見以上に特徴的なのはビル内部で、一歩建物の中に入ると異世界が広がる。一階には金券ショップや靴修理店などが並び、二階に上がると昭和の香りが残るゲームセンターがあり、奥には中華系のマッサージショップがある。三階と四階は、今では空きテナントが多いようだ。こちらは新橋駅前ビルのバラック飲み屋街の残り香とはまた違った、いかがわしい雰囲気が色濃く残っている。

現在の新橋のおもしろさは、こうした東京の中でも随一といっていい昭和的な空間と、最新の大規模再開発で生まれた汐留シオサイトが隣り合わせで並んでいるところである。

貨物専用駅として使われてきた汐留駅は、関東大震災以降、東京の新しい台所として急発展した築地市場の盛況を支えてきたが、トラック運輸に押される形でその役割を縮小させ、国鉄民営化前年の一九八六（昭和六一）年に廃止された。まさに時代はバブル経済の入り口である。汐留駅の廃止は、都心部の広大な土地が宙に浮くということを意味した。国鉄時代の借金返済を果たす、またとない好機でもあった。

だが、この土地の売却は簡単には進まなかった。バブル経済時の地価高騰に拍車をかけるという懸念や、そこから発掘された歴史遺構などが再開発を遅らせたのだ。

汐留の再開発は、広さにして三一ヘクタール（三一万平方メートル）の敷地を有する巨大規模案件だったが、機を逸したため、バブル崩壊後に細かく分割されての分譲・再開発という案で決着した。最終的に区画整理が終了し、各街区での建設工事が始まったのは二〇〇二（平成一四）年のことだ。

最大規模の都市計画・汐留シオサイト

新橋から虎ノ門に至る一・四キロの区間、通称「新虎通り」が二〇一四（平成二六）年三月二九日に開通した。この道路の計画案は、その六八年前に立てられたもので、長い凍結期間を経て着工、完成を見た。

この区間の工事期間中の正式名称は「東京都市計画道路幹線街路環状第2号線 新橋・虎ノ門地区第二種市街地再開発事業」だった。ここはかつて「幻のマッカーサー道路」と呼ばれていたこともある。

なぜ「マッカーサー道路」だったのか。計画の当初、アメリカ大使館のある虎ノ門と竹芝桟橋を一本の直線道路で結ぼうという意図で構想された計画だったという説がある。計画が持ち上がったのは、まだマッカーサーが進駐軍として日本に駐留していた一九四六年。それが幻の道路計画となり、「幻のマッカーサー道路」という愛称へと発展した。

この凍結していた道路計画という亡霊を蘇らせたのは、「汐留シオサイト」と名付けられた汐留地区再開発プロジェクトだった。旧汐留貨物駅跡地から浜松町駅に至る約三一ヘクタールの巨大な土地の再開発計画は、二〇〇〇年以降の都内最大規模のものとして二〇〇二（平成一四）年に着工し、二〇〇四年以降、段階的に完成を迎えている。ちなみに、汐留とは新橋駅東口側一帯のことを指す地名であり、これは事実上「新橋東側」の再開発でもある。

就業人口約六万人、電通、日本テレビ、共同通信社、パナソニックなど日本を代表する企業のビルが建ち並び、一画にはカレッタ汐留というショッピングモールが建つ。居住人口は約六〇〇〇人。タワーマンションもこの街の中に共存する複合都市。それが汐留シオサイトのコンセプトだ。

この街では個々のビルが孤立していない。日本テレビタワーと周囲のビルは、二階のデッキを歩いて行き来ができるほか、地下でもつながっており、その地下街やデッキは、直接新橋駅、ゆりかもめの汐留駅と接続されている。地下通路にはカフェや雑貨、ＣＤショップなどの専門店が並ぶ。

一方、地表の道路には横断歩道すらなく、歩行で移動するようには作られていない。人は地下か二階のデッキを通るしかなく、三層構造によって歩車分離が徹底されている。鉄道、テレビ、二つのメディアの起点となった街が、いま再びその役割を変えようとしている。

この汐留シオサイトは、二〇二〇（平成三二）年の東京オリンピックにおいて中心的な役割を果たす湾岸の埋立地と都心を結ぶ街になる。外堀通りが延伸され「新虎通り」として新橋までつながったが、さらに二〇一六（平成二八）年一二月には、新橋から勝どき、晴海を通って豊洲までの三・四キロが開通する予定である。新橋は、すでに湾岸を走るゆりかもめの始発駅でもあるが、さらにこの環状二号線の湾岸への延伸によって新しい東京の入り口としての重要度を増すことになる。

この汐留シオサイトの都市開発は成功なのか失敗なのか、単純に判断を下すことは難しいが、新しい国立競技場を手がけることになった建築家の隈研吾は、「日本が都市計画的調整、すなわち『大きな調整』をどれほど苦手としているか、これほど巨大な実物を通じて露呈させた例は他にない」と発言している（隈研吾、清野由美『新・都市論ＴＯＫＹＯ』）。

東京都の都市基盤整備と民間のプロジェクトによる再開発が、計画途中であまりに細分化されてしまい、一貫性のある再開発のあり方を放棄してしまったことへの批判である。

そんな汐留の再開発の象徴が、当時と同じ位置に再現されたかつての新橋停車場の駅舎である。当時の新橋停車場の外観寸法を、コンピューターを使った三次元解析によって正確に割り出し、忠実に再現した建物である。建物の内部は、鉄道歴史展示室として一般公開されている。

失われてしまった歴史的建造物を、このように現代に再現することに意義はある。だが、残念ながら周囲のガラス張りの超高層建造物たちに挟まれてしまうと、なんともみすぼらしく映る。広場や街路があって初めて駅の姿は意味を持つ。昨今は、昔のものを残すまちづくりが良しとされるが、文脈から切り離され、さらに周囲から埋もれた形で、歴史的な建造物だけを再現しても、かつての停車場が持っていた威厳や荘厳さまでは再現されないのだ。

これが、単なる観光客目当てでつくられたものだとしても、それでも失敗している。三層構造で徹底して歩車分離を進めたこの街では、地上を歩く必要はない。地上一階レベルに置かれた新橋停車場は、人目に触れづらい観光施設という矛盾を抱える存在なのだ。

街の歴史を観光資源として活用するのであれば、再現すべきは停車場ではなく戦後の闇市だったのではないか。かつての闇市の残り香がある新橋駅前ビル、ニュー新橋ビルは、新橋駅周辺の再開発地域に組み込まれており、二〇二三（平成三五）年頃の完成をめどに一新される計画が進行している。このタイミングでビルの中に押し込められたバラック飲み屋街を再び外に持って行き、青空市場として再生させるアイデアはどうだろう。昨今の横丁ブームを鑑みても、この方が集客も見込めるのではないだろうか。

第六章

空の玄関・羽田空港の今昔

——観光の時代の始まりと現在

戦前の東京飛行場

都市と空港の関係は、現代において重要性を増している。空港の機能が今後の都市の発展を規定すると言っても過言ではない。

東京国際空港、一般には通称の「羽田空港」の呼び名の方が定着しているが、かつては、東京飛行場だったこの空港が正式に開港したのは一九三一（昭和六）年のことだ。

東京飛行場は、日本初の国営の民間航空専用飛行場だが、その必要性がはじめて論じられたのは、一九二三（大正一二）年の関東大震災の後である。当時、帝都復興評議員であった長岡外史陸軍中将は、現今の都市に公園が欠かせないのと同様、飛行場も必要不可欠と主張、「東京湾築港内に国際飛行場を設くるの議」という建議案を提出している。

当時、東京近郊の飛行場といえば軍関係のものが、所沢（陸軍）、立川（陸軍）、霞ヶ浦（海軍）の三カ所に存在していたが、どれも都心からは距離があった。長岡は、都心に近い飛行場の建設候補地として羽田を構想していたのだ。だが、その実現には八年の歳月がかかった。

ライト兄弟が世界初の有人動力飛行に成功したのは一九〇三（明治三六）年。二〇世紀になって登場したばかりの航空機だが、すぐに第一次世界大戦（一九一四～一八年）においてその重要性が証明される。当初は偵察用と考えられていた航空機は、次第に直接攻撃に使われるよ

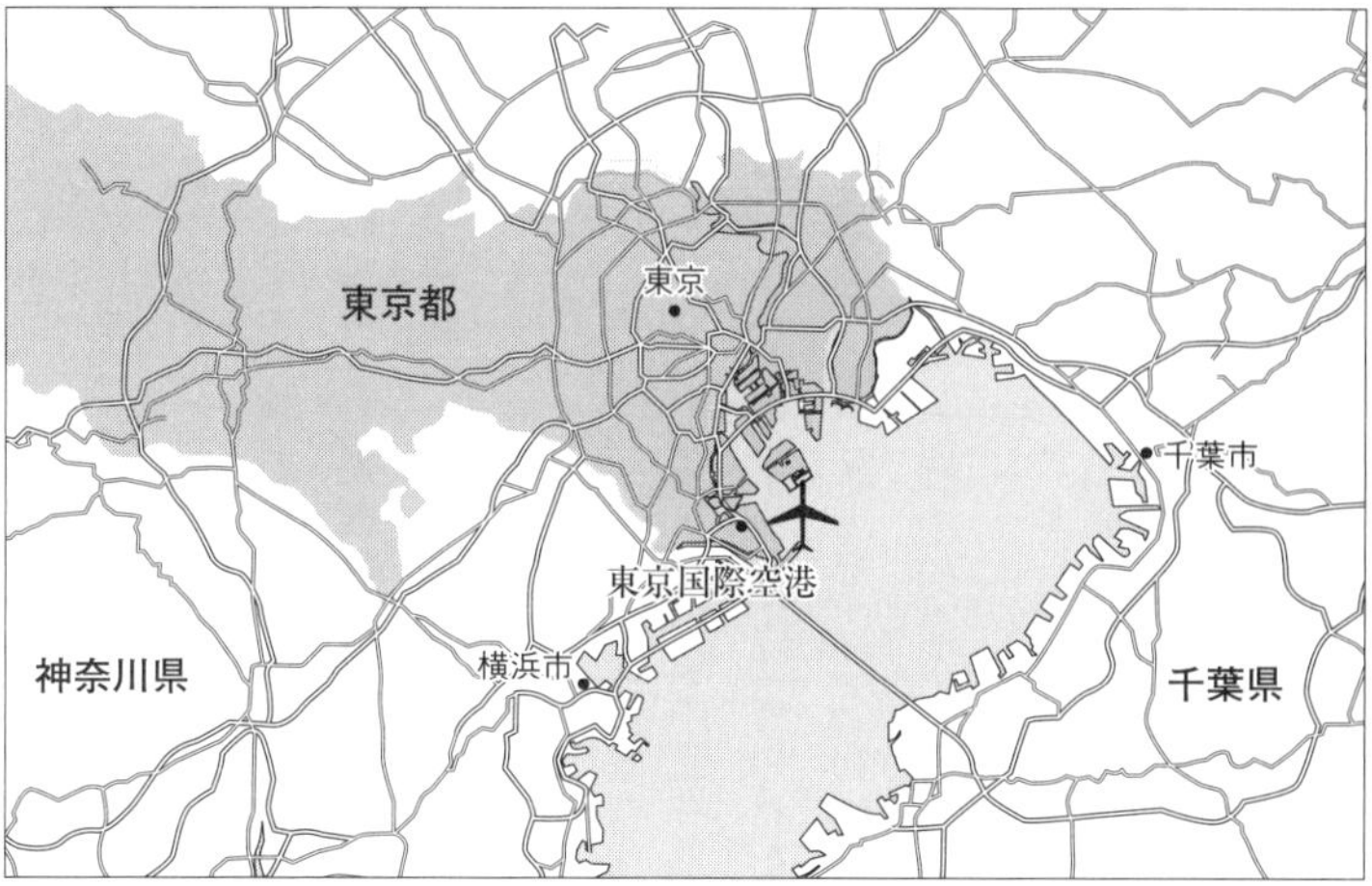

東京国際空港周辺マップ

うになり、軍事施設や都市そのものに打撃を加える戦略的爆撃が有効であるという時代がすぐに訪れた。そして、第一次大戦中に急速に進歩を遂げた航空機開発の技術は、戦後に貨物や旅客の輸送などの分野へと転用されていった。

当時の欧米列強は、自国の民間航空会社を後押しして植民地と本国を空路で結び、そのつながりを強固なものとしていった。こうした各国の航空産業への力の入れようは、日本にとっても他人事ではなかった。この時代、日本も張作霖《ちょうさくりん》爆殺事件（一九二八年）など「鉄道事故」を足がかりに大陸への進出を本格化させていたが、同時に人員や物資の迅速な輸送力として、大陸と本国を結ぶ定期航空便の実現は急務だったのだ。

一九二七（昭和二）年、日本政府は東京―大連間および大阪―上海間の定期航空便を開始する方針を決める。ただ、政府が定期航空便の実施を決めても、すぐに新しい飛行場建設に取りかかれたわけではなく、当初は立川の陸軍飛行場を間借りする形で開始された。当時はまだ、貨物輸送や旅客専用の飛行場という発想が当たり前ではなかった。

立川で始まった定期航空便だが、すぐに民間専用の公共飛行場を設置する計画が立ち上がる。ふさわしい場所として選ばれたのが羽田だった。この地が選定された理由は、東京と横浜の中間にあり、京浜国道（現在の国道一五号）との連絡がよく、都心に近いこと。また海に面しているので、水陸両用の飛行場として使用することもできたこと。さらには、土地が足りなくなれば埋め立てて増設可能なことも有利な条件だった。

だが元々、羽田の辺りは一般の私有地である。公共飛行場の選定に関しては、土地利権などにつながらないよう極秘裏に進められたという。会社員のかたわら交通史を研究する曽我誉旨《よし》生《き》は、東京飛行場の誕生を、「『公共施設としての空港』という今日では当たり前の概念がようやく日本で芽吹いた歴史的な出来事であった」（『日本のエアポート01　羽田空港』）と指摘している。

東京飛行場には滑走路だけでなく、二階建ての小さなターミナルビルもつくられた。設計は建築家の石本喜久治である。モダニズム建築で知られる石本は、当時の日本橋にあった大型百貨店の白木屋本店も手がけた人物だ。これらの洒落た空港ターミナルビルや百貨店は、「新しい東京」を象徴する建物であった。

一九三一年八月二五日の午前七時三〇分、羽田発の最初の飛行機であるフォッカー式スーパー・ユニバーサル型旅客機が離陸した。しかし乗客は「六〇〇〇匹の鈴虫と松虫」で、これは大連の東京カフェーに送られた荷物だった。この頃の旅客機は、庶民には高額なチケット代も手伝い、常に空いていたという。当時の航空会社である日本航空輸送の全収入の半分近くを占めていたのは、郵便輸送の収入だった。また、当時の客室乗務員（一九三七年より採用。エアガールと呼ばれた）の証言によると、大連行きの旅客の大半は軍関係の人々だったという。

各地への便が整備されるとともに乗客数も増加し、東京飛行場は一九三九（昭和一四）年にターミナル拡張と滑走路の増設工事を行う。また、日本航空輸送は、一九三八（昭和一三）年に国際航空と合併されて大日本航空が発足する。それからまもなく日本は太平洋戦争に突入するが、国策会社だった大日本航空の輸送力は戦争用の物資や人員の空輸にすべてつぎ込まれ、一般市民の空路は戦後しばらくまで途絶えることになる。

太平洋戦争が始まると、東京飛行場は海軍に独占された。だが、そこから戦闘機が離発着するというような本格的軍事運用はなかったようだ。そして終戦直後の一九四五（昭和二〇）年九月一三日、東京飛行場は進駐軍によって接収されるのである。

マッカーサーはなぜ厚木に降り立ったのか

一九四五（昭和二〇）年八月三〇日、連合国軍最高司令官ダグラス・マッカーサーは、厚木海軍飛行場に専用機バターン号で到着した。なぜ、マッカーサーは羽田ではなく厚木に降り立ったのか。

連合国軍最高司令官総司令部（GHQ）は、最初から日比谷の第一生命館（第一生命ビル、現・DNタワー21）に置かれていたのではなく、同年九月一七日までは暫定的に横浜税関に設置されており、マッカーサーの最初の目的地は、GHQ宿舎となった横浜の「ホテルニューグランド」であった。距離としては、厚木、羽田ともに、横浜までの距離は約二〇キロで大差ないのだが、米軍は厚木基地に降りることにこだわっていたという。

マッカーサーは、厚木基地から横浜への道すがら、占領に抵抗する日本兵の待ち伏せを恐れていないことを示したかったという説がある。当時からひらけていた羽田－東京間よりも、厚木－横浜間の山道の方が警備は難しかったはずで、ゲリラ的に襲いかかるのであれば後者の方が楽だ。

これは、マッカーサーの甥で駐日大使だったD・マッカーサー二世が明らかにした説で、山田久俊元カネボウ米国社社長が、外交官だった父を経由して知遇を得た大使から直接聞いた話だという。事実、血気盛んだった厚木海軍航空隊には、玉音放送の後も降伏を受け入れず、徹底抗戦を主張していた隊員たちがいた。彼らの動きは、米軍先遣隊の上陸前に鎮圧されている。

進駐軍の上陸後に積極的に運用されたのは、厚木ではなく羽田の東京飛行場だった。米陸軍はそこを「ハネダ・アーミー・エアベース」として運用し、滑走路の延長工事も行っている。

一九五一（昭和二六）年四月一六日早朝、日本を去ることになったマッカーサーは羽田から帰国するが、このときのエピソードも厚木基地への上陸時と同様に有名だ。羽田に向かう京浜国道沿いには、日の丸と星条旗を持った人々、二十数万人がぎっしり立ち並んで彼を見送ったのである。

接収後の東京飛行場

進駐軍は上陸直後に、羽田の飛行場周辺の土地の強制接収を行っている。戦前までの羽田のあたりは、穴守《あなもり》稲荷神社の門前町として歓楽街が形成され、海水浴場などもあり、栄えた地域だった。だが、終戦直後に突然やってきた進駐軍は、そこに住む一二〇〇世帯三〇〇〇人に対し、四八時間以内の退去を命じたのである。接収した土地は飛行場の拡張に使われ、地域の人々で賑わった穴守稲荷神社も移設せざるを得なかった。

占領後、当初は日本人の立ち入りが禁じられた羽田の東京飛行場だが、一九四七（昭和二二）年には民間のパンアメリカン航空が運行を開始して、日本人も立ち入りができるようになった。日本の国内線が就航するのは、その四年後の一九五一（昭和二六）年だ。就航当初、パイロットの人員はアメリカ人に頼らざるを得なかった。

日米の講和条約が締結された翌年、同条約発効の一九五二（昭和二七）年に空港は日本に返還され（米軍が撤収し、完全返還されるのは一九五八年）、現在の正式名称「東京国際空港」に改名される（ここからは「羽田空港」と記す）。だが、それでもこの施設を主に利用していたのは相変わらずアメリカの軍用機であり、日本の旅客航空機の飛行スケジュールは、米軍の都合に大いに振りまわされたようだ。

一九五五（昭和三〇）年には、管制塔を備えた四階建てのターミナルビルが完成する。このビルは国や東京都の予算でつくられた公共施設ではなく、一九五三（昭和二八）年に設立された日本空港ビルデング株式会社という民間企業が、空港ビルの設計や建設から運営までを担ったものだ。新ターミナルビルには航空会社の窓口や各種専門店、飲食店などが店子として入居した。

石原裕次郎主演の日活映画『紅の翼』（一九五八年）は、羽田空港の全面協力の下でつくられた作品である。この映画で石原は、実在した不定期航空事業社、日本遊覧航空のパイロットを演じている。

ジャズドラマー、バーテンダー、刑事、殺し屋、マスコミの寵児、ラリードライバー、国際

羽田空港の返還式（1952年7月2日）　© 毎日新聞社／時事通信フォト

便の船乗り。当時の裕次郎が演じた役は、憧れの職業のカタログのようだ。航空機のパイロットはもちろん当時の憧れの職業の筆頭格である。

裕次郎は、八丈島に渡るチャーター便で急病患者に血清を送り届けることになる。だが、そのセスナ機をチャーターした人物はニュースで騒がれている逃亡中の殺し屋だった。たまたま同乗していた女性新聞記者は、その正体に気がつき……というサスペンスだ。

本作には、国内線ターミナルの玄関口や待合室など当時の羽田空港の姿が多くの場面で映し出される。映画で主に描かれるのは小型機中心の不定期航空便なので、最新の空港設備はあまり映し出されないものの、一九五〇年代、航空機の主力がまだプロペラだった時代の羽田空港、及び当時の日本航空や全日空が使用していた飛行機の姿がたっぷりと描かれている。

『紅の翼』公開の翌年、一九五九（昭和三四）年は、日本に標準座席数一二一席のボーイング707（一九五八年一〇月二六日にパンアメリカン航空のニューヨーク－パリ間就航）という大型ジェット機の乗り入れが始まった年だ。ようやく、ジェット機の時代が幕を開ける。

ゴジラは東京湾から、ガメラは羽田から登場した

東京の街は、オリンピックが開催された一九六四（昭和三九）年の以前と以後で大きく変化した。その様子は、東宝の『ゴジラ』と大映の『大怪獣ガメラ』という二つの特撮怪獣映画を見比べてみても明らかである。

羽田空港は、オリンピック時の観光需要の増加に合わせて増築を行った。新しい管制塔を備えた新ターミナル、国内線到着ビルの新設などを含む、大がかりなものだった。この新造の空港ターミナルは、ミニチュアの模型とはいえ、一九六五（昭和四〇）年公開の映画『大怪獣ガメラ』のなかでガメラによって破壊されている。

ここで思い出したいのは、先に誕生した一九五四（昭和二九）年公開の『ゴジラ』の登場場面だ。ゴジラは東京湾より現れ、芝浦で上陸し、品川駅へと向かった。二度目の東京上陸時に

は、芝浦から田町を経由して新橋、銀座、国会議事堂、上野、浅草を襲っている。

大映の怪獣映画『大怪獣ガメラ』が公開されたのは一九六五年。東京五輪の翌年である。ゴジラの時代にはない都市インフラがたくさんできている。

羽田空港に飛来したガメラは、空港施設を破壊したのちに都心に移動し、銀座の街を襲った。そして近くの高架に止まる新幹線を破壊し、東京タワーまで移動しこれを揺さぶり倒し、周囲の首都高を踏みつけた。東京の街は、ガメラの襲撃によって大炎上し、壊滅的な被害を受ける。

一九六〇年代になると本格的なジェット旅客機の時代に突入していた。ボーイング707に代表される大型ジェット旅客機が世界を飛び回り、スピード旅客機の時代が始まっていた。同時代に誕生したガメラの飛行原理にも、ジェット噴射が採用されていた。

ゴジラとガメラの本質的な違いは、登場の仕方に現れている。ゴジラは東京湾から上陸したが、ガメラは羽田空港から登場したのだ。

まだ戦後復興の途上にあった東京を襲うゴジラの特撮映像は、戦争で焼かれる街を彷彿とさせるものだった一方、高度経済成長を遂げていき、ゴジラの一一年後にガメラが破壊した東京は、完全に生まれ変わった国際的大都市だ。

立派な空港ターミナルビルだけでなく、東京タワー、新幹線や高架の首都高も、オリンピックに合わせて建造されたもので、初代ゴジラの時代にはまだなかったものばかりだ。

ガメラが辿ったルート——羽田から銀座、有楽町、芝の東京タワー——は、当時海外から訪れた観光客で賑わったスポットを巡るという性質のものである。東京に訪れたゴジラの足跡が、東京大空襲での爆撃機B51をなぞったものであるという説があるが、当時の東京の新しいランドマークを壊して回るガメラの行動は観光地を巡るツアーそのものだった。

一九六七（昭和四二）年に公開された加山雄三主演の若大将シリーズ一〇作目の『南太平洋の若大将』では、若大将が、ホノルルで世話になった日本料理店を営む日系ハワイ移民の家族を、羽田空港まで迎えに行く場面が描かれる。

羽田空港で日系人家族を迎えた若大将は、彼らを東京見物に連れて行く。靖国神社や東京オリンピックの舞台となった神宮の国立競技場、そして前田美波里演じる日系人家族の娘・由美子に銀座を案内する。定番観光コースの最後は東京タワーである。

羽田空港からいくつか経由しているが銀座、東京タワーというコースは、ガメラの辿った道のりと重なっている。オリンピックを境とする東京の変化の一つには、外国人観光客から見た東京という意識の芽生えがあった。羽田空港が東京、日本の玄関口であるという意識があったからこそ、ガメラは正面玄関の羽田から上陸したのである。

『南太平洋の若大将』では、若大将が羽田まで向かう道中も描かれる。都心と羽田を結ぶ首都高速一号羽田線を、若大将の盟友〝青大将〟（田中邦衛）が運転するスポーツカーで疾走し、高速道路に併走する羽田空港行のモノレールと競争する。モノレールが浜松町－羽田空港間に開業したのは、東京オリンピックが開催された一九六四年である。首都高速も、東京に都市高速道路を通すという計画自体は、五輪招致以前の時代から持ち上がってはいたが、具体的なものとして動き出したのは、五輪招致決定後のこと。若大将たちがスポーツカーで走った首都高一号羽田線は、オリンピック関連事業としていち早く開通した路線で、五輪開催までには、浜崎橋JCTから空港西出入口までの間が開通。その二年後、羽田出入口まで延伸した。首都高速一号羽田線の全線開通はその翌々年一二月のことだ。

レジャー時代と観光映画としての若大将シリーズ

戦後の消費社会の到来とは、観光の時代の始まりを意味する。

一九六〇年代前半になって、日本の観光・レジャーはようやく本格的に開花する。一九六一（昭和三六）年は「レジャー」ブームの年と言われ、「レジャー」はその年の流行語にもなった。翌々年には、ザ・ピーナッツ『恋のバカンス』がヒットし、「バカンス」が流行語になる。

またその一九六三（昭和三八）年には、国際収支の改善や国際交流の推進とともに、国民の文化的生活の向上を目的として、観光基本法が公布・施行。さらに翌年には、観光目的の海外渡航が自由化される。本格的な観光・レジャー時代の幕開けだ。

加山雄三が大学卒業後に株式会社東宝に就職したのは、そんなレジャー時代の始まりである一九六〇（昭和三五）年のこと。スター俳優上原謙の息子であり、そもそも歌手としての活動も始めていたスター候補生として入社した加山の人気を決定づけたのは、一九六一年に一作目『大学の若大将』が公開された若大将シリーズである。

このシリーズで加山が演じた〝若大将〟こと田沼雄一は、大学生でスポーツ万能、歌もギターも上手く、誰からも好かれる存在。この時代以前の代表的なスターであった石原裕次郎の「太陽族」の不良イメージとは正反対の好青年ヒーローである。裕福な家に育ち、一〇代の頃からスキーやエレキギターといった趣味に打ち込んできた加山は、まさに若大将のキャラクターそのものだった。

『南太平洋の若大将』で日系人家族が東京に来たのは、「すき焼き」を自分たちの店の新メニューに加えるためだった。ホノルルで日本食レストランを経営する彼らは、一九六四（昭和三九）年の海外渡航解禁に伴う日本人旅行客の増加に対応するため、日本の老舗すき焼き店との提携を進めに来たのだ。

若大将の実家は、浅草の老舗すき焼き屋で、彼はその御曹司だ。若大将は、実地の指導を行うために、再びパンナムの飛行機でハワイへ飛ぶ。

物語後半では、カウアイ島及びタヒチといった南太平洋の島々が舞台になる。人気者である若大将には、二人のヒロインがついてまわる。一人は前出の日系人・前田美波里。もう一人は若大将と相思相愛ながらすれ違いを繰り返す星由里子演じるパンアメリカン航空に勤める客室乗務員だ。

若大将シリーズ（左より『南太平洋の若大将』『大学の若大将』『若大将対青大将』）

シリーズ全般を通し若大将は、まだ日本人の観光目的の海外渡航が解禁になるかならないかの時代にもかかわらず、ハワイや南洋の島々、スイスやリオデジャネイロといった海外に出かけては、マリンスポーツやスキーなどを楽しんでいた。これには若大将シリーズをパンナムが協賛していたという背景がある。当時のパンナムは、海外旅行需要の掘り起こしのために、積極的に映画やテレビのスポンサーとなって宣伝を重ねていたのだ。

若大将シリーズは、当時の若者世代をターゲットに、映画を利用して人々の観光やレジャーへの関心をより強めようとする、「観光タイアップ」映画でもあったのだ。

同時にこの頃は、映画産業が斜陽と言われはじめた時期でもあった。映画の観客者数は、一九五八（昭和三三）年の一一億二七四五万人を頂点として下降線を辿る。映画館数では一九六〇年の七四五七館がピークである。それまで娯楽の王様だった映画は、その座をテレビに取って代わられようとしていた。先行きに不安を感じたいくつかの映画会社は、成長分野の観光・レジャー事業への参入を進めた。観光地のホテルや、ボウリング場などの娯楽施設の経営である。東宝がそんな時期に観光レジャー需要喚起の映画を作り始めたというのも、自社の事業の方向性に沿った路線とも言える。

若大将の学園から闘争の場としての学園へ

加山の健全なキャラクターが人気となり、若大将シリーズは東宝を代表するヒットとなるが、長期化とともに新味は失われていく。同シリーズは一九七一（昭和四六）年の『若大将対青大将』まで、加山雄三主演で全一七本が制作されたが、終盤の作品になると、加山の実年齢も三〇代となり、若大将のキャラクターに無理が生じてきたのだ。

シリーズが輝きを失っていった背景に、主人公の年齢やマンネリもあったかもしれないが、それ以上に、時代の変化に伴うギャップの拡大があった。映画に描かれたキャンパスライフは、ブルジョアの師弟たちがスポーツや恋愛に打ち込むといった青春模様だった。だが、現実の大学のキャンパスライフは、そんな悠長なものではなくなっていた。

全共闘に代表される学生運動の時代。一部の大学では、学生たちによる授業のストが行われ、封鎖された大学に機動隊の出動が要請される事態にまで至った時代である。

一方、この時代には、羽田空港もその闘争の舞台となった。中核派（革命的共産主義者同盟全国委員会)、社学同(社会主義学生同盟)、解放派(革命的労働者協会)からなる、反共産党系の三派全学連を中心とした学生たちが、佐藤栄作首相の東南アジア各国訪問を阻止しようと、羽田空港周辺で強硬阻止行動をとったのが一九六七(昭和四二)年一〇月八日、『南太平洋の若大将』が公開された三カ月後のことだ。

この羽田事件では、中核派の京都大学の学生山崎博昭が死亡した。これは一九六〇(昭和三五)年六月一五日、日米安全保障条約改定に反対した全学連(全日本学生自治会総連合)による国会議事堂包囲デモの際に、機動隊と衝突して圧死した樺《かんば》美智子以来の反権力デモにおける死亡事件となった。

ベトナム戦争への反対などを背景とした学生運動は、この羽田事件を機に過激化する。キャンパスから街へ飛び出した学生運動家たちは、ヘルメットにゲバ棒というスタイルで機動隊を相手に武力闘争を繰り広げるようになる。

当然、こうした社会情勢のなかで、大学の空気は、青大将のようにスポーツカーを乗り回したり、若大将のようにスポーツに汗をかいたりという優雅でお気楽なキャンパスライフからは遠く乖離していった。レジャーやスポーツに長けた裕福なノンポリ・ヒーローは、もはや時代遅れになっていたのだ。

『南太平洋の若大将』では、加山雄三は「日本水産大学」という架空の大学の学生という設定だが、のちに連合赤軍のメンバーになる坂口弘は東京水産大学(現・東京海洋大学)の学生だった。坂口は大学時代、新左翼活動家の川島豪《つよし》に出会い、その思想に共鳴して労働闘争に加わる。大学を退学した坂口は、川島が率いる京浜安保共闘（日本共産党〔革命左派〕神奈川県常任委員会）の一員となり、一九六九（昭和四四）年九月四日の愛知揆一《きいち》外相訪米訪ソ阻止闘争の隊長を任じられるのだ。

坂口は、さっそく羽田空港滑走路への進入経路を探ったが、厳重な警備を突破するのは難しい。そこで彼が思いついたのは、海からの進入プランである。発着便の増大に合わせた施設の拡大が急ピッチで進められていた時代のこと、埋め立てのために土砂を流すサンド・パイプが平和島から引かれており、坂口はこれを伝って空港敷地内に潜入するプランを実行に移した。坂口をリーダーとした羽田突入部隊の五人は橋で昭和島へ渡り、そこからは水底にヘドロがこびりついた水深一メートルに満たない運河を、約二〇〇メートル泳いで京浜島（当時は京浜六区）に渡った。

京浜島からは、直径五〇センチほどのサンド・パイプを伝い歩いて海上基地に到着。坂口はその時に見た空港の姿を「光の城閣のような見事な光景」と自著『あさま山荘１９７２』で描写している。再び泳いで海を渡り、テロ決行メンバーの五人は空港の護岸に到着する。そして、空き瓶に灯油をつめた火炎瓶の製造に取りかかり、土管の中に身を隠して外相の乗る飛行機の離陸時間の午前八時二〇分まで時間をつぶした。

海から羽田空港に侵入した坂口らは、外相が乗る飛行機が離陸する滑走路に駆けつけ、火焔

第一次羽田事件・追悼デモ（1967年10月14日）　© 時事

瓶を投げつけることに成功する。ただ、このテロ事件では、具体的に大きな被害が出たわけではない。空港は一時的に閉鎖となり、離陸時間は二〇分遅れたが、それだけのことだった。

だがこれは、二年前の三派全学連による武力デモとは次元の違う性質のものである。羽田事件は、あくまでもデモンストレーションを目的とした阻止行動が機動隊との衝突に発展したものだが、坂口らの行動は、政治要人の乗る飛行機に火焔瓶で危害を加えることを目的とするものだった。この事件を機に、京浜安保共闘の一派は過激な行動路線のグループとして認知されるようになる。

坂口の京浜安保闘争は、こののちに

赤軍派中央軍（共産主義者同盟赤軍派）と合流し、名前を連合赤軍に改名した。その幹部組織は中央委員会と呼ばれ、森恒夫が委員長、永田洋子が副委員長、そして坂口はナンバー3の書記長だった。これが一九七二（昭和四七）年、世間に衝撃を与えた「あさま山荘事件」を引き起こす組織である。

成田空港完成後の羽田と再国際化

赤軍派を名乗る九名によるよど号ハイジャック事件が起きたのは一九七〇（昭和四五）年のこと。ハイジャック犯たちは、羽田発福岡空港行きの機体は、ボーイング727型機を乗っ取り、北朝鮮への亡命を要求した。

羽田空港にジャンボジェットの愛称が付いたボーイング747が初就航したのも、よど号ハイジャックと同じ一九七〇年のことだった。

ジャンボジェットの登場は、大都市間を大型航空機で結ぶ、大量輸送時代のはじまりでもあった。一度に多くの旅客を乗せられるためチケット代も安価になり、これまでは要人か富裕層のものでしかなかった飛行機旅行が大衆化していった。

その変化にともない、すでに一九六〇年代から混雑が問題になっていた羽田空港に代わる、新しい国際空港の建設も急務となった。場所の選定や激しい反対運動に翻弄されたものの、一九七八（昭和五三）年には新東京国際空港、通称・成田空港が開港し、台湾の中華航空以外の国際線は成田空港を利用するようになる。羽田空港は実質的に国内線専用となり、東京と世界を結ぶ空の玄関の役割をここで一旦終えた。

以後、羽田は航空機の大型化にともなう設備拡充、ロビー及びターミナルの拡張、さらには沖合への埋立地展開工事（一九八四年）を行う。また、商業施設も、さまざまな有名ショップや飲食店がテナントに入る新ターミナルの「ビッグバード」を増設（一九九三年）するなど、時代に合わせた改修や拡張を行い、東京の玄関口としてふさわしい規模を維持していく。

そんな羽田空港の大きな方針転向は、国内線専用空港になってから三二年後のこと。二〇一〇（平成二二）年一〇月二一日、新国際線ターミナルを開業し、国際定期便の就航を再開したのである。それに伴って、発着回数を大幅に増やす新設のD滑走路の運用が開始され、空港は二四時間稼働となった。

この背景には、国際間の競争や航空自由化の流れがある。具体的には、ハブ空港（中継に徹する空港）の役割を徹底して狙い、オープンスカイという世界の航空業界の流れに沿った韓国の仁川《インチョン》国際空港（二〇〇一年開港）が誕生し、仁川空港は、国際線旅客数、就航都市数で世界トップクラスのハブ空港になった。この仁川に代表されるように、アジア諸国では新しい設備を持つ空港が次々と登場する中で、日本の空港は立ち後れ、国際都市間競争時代にそぐわないという議論が経済界から持ち上がる。

それに対応したのが、羽田空港の再国際化だった。これにより、従来の国際線は千葉の成田、国内線は羽田という空港の使い分けを一部変更し、羽田の発着枠を大幅に増加し、国際線の中距離・長距離便の就航が行われるような自由化が行われたのだ。

国土交通省は、今後の国際線の羽田発着便数の増加を見すえた規制緩和の方針を示している。騒音を配慮して規制されている東京上空の飛行についての規制緩和を行うことで、国際線の発着数を現在の上限の二倍近くに当たる年間八万回にまで可能にする計画だ。

現代は、国家対国家よりも国際間の都市対都市の競争が重視される時代。都市が有する空港の機能が、その都市の競争力に結びつく現代である。羽田空港は、ハブ空港としての機能は貧弱でも、都心とのアクセスの良さで見ると、競争力の強い空港と見ることもできる。

こうした時代の要請の変化とともに、羽田空港は再び国際空港としての役割を担うことになり、あらためて東京の表玄関としての役割を果たしていくことになる。

おわりに

本書を連載という形で書いていた時期（二〇〇九〜二〇一四年）に、石原慎太郎都知事時代の東京は、二〇一六年のオリンピック招致運動で敗北を喫している。つまり連載期間は、「オリンピックは開催されない」というモードで書いていた。

それが猪瀬直樹都知事時代になり、東京は再び二〇二〇年大会へ立候補する。二〇二〇年のオリンピック開催都市が東京に決定したのは、二〇一三年九月七日のことだ。連載は、ほぼこれと同時に終了している。つまり、本書の元になった連載時の「東京β」は、オリンピック招致に失敗した都市を描いた東京論だったのだ。連載時との大きな変化、加筆修正のポイントは、主にオリンピックを巡る部分だろう。

本来であれば、招致運動で敗北した都市のあり様を振り返るという憂いとともに記述されていた連載が、書籍化というタイミングでまったく逆の形に書き直さなくてはならなかった。そのために生じた奇異な部分が本書には残っている。

さて、本書は、東京の最新の開発状況全体をフォローしようという意図はなく、東京での日常が日々変化していく様はどのように映画、小説、マンガなどに描かれたかに注目した東京論だ。また、都市論といっても、建築、都市計画、土木テクノロジーなどいろいろな側面があるが、主には都市をメディアとしてみるという見方で書いたものということになるだろう。

取り上げた東京のエリアは、湾岸地域、隅田川沿いのイーストサイドにリバーサイドと、結果的には近いエリアが偏って登場する内容になった。逆に言えば、いまの東京を語る本でありながら、渋谷があまり取り上げられない、秋葉原がいっさい登場しない本になってしまっている。

まえがきでも触れたように「試用版」をβとする習わしから借りて、連載時のタイトルには「東京β」にした。いまとなっては少し古くなった感があるが、言葉もまた「更新《アップデート》」され続ける」ものとしてそのままにした。当たり前だが、東京という都市の更新《アップデート》はこれからも続いていく。ただし、テキストとして記述され、紙に印刷された書籍は定着して残る。β版というわけにはいかないのだ。東京の次のバージョンを書き留めたいと思うのは何年後になるだろうか。

速水健朗

参考文献

はじめに

川本三郎『銀幕の東京——映画でよみがえる昭和』中公新書、一九九九年

第一章　東京湾岸の日常

五十嵐太郎『映画的建築／建築的映画』春秋社、二〇〇九年
磯崎新、藤森照信、安藤忠雄、伊東豊雄『住宅の射程』TOTO出版、二〇〇六年
羽海野チカ『3月のライオン』白泉社、二〇〇八年～
小津安二郎『全日記　小津安二郎』フィルムアート社、一九九三年
鎌田敏夫『男女7人夏物語』立風書房、一九八六年
川本三郎『ミステリと東京』平凡社、二〇〇七年
桐野夏生『ハピネス』光文社文庫、二〇一六年
白河桃子『格付けしあう女たち』ポプラ新書、二〇一三年
鈴木光司『仄暗い水の底から』角川ホラー文庫、一九九七年
関川夏央『家族の昭和』新潮社、二〇〇八年
竹内正浩『地図で読み説く東京五輪』ベスト新書、二〇一四年
田沼雄一『映画を旅する』小学館、一九九六年
『東京人』編集室編『江戸・東京を造った人々1』ちくま学芸文庫、二〇〇三年
永井荷風『断腸亭日乗』（『荷風全集』第二一～二五巻）、岩波書店、二〇一〇～二〇一一年
永井荷風『荷風随筆集』上巻、岩波文庫、一九八六年
日本住宅公団『日本住宅公団10年史』日本住宅公団、一九六五年

日経アーキテクチュア編『東京大改造マップ2020』日経BP社、二〇一五年
日経アーキテクチュア編『有名建築その後』日経BP、二〇〇九年
萩尾望都『マンガのあなた　SFのわたし――萩尾望都・対談集　1970年代編』河出書房新社、二〇一二年
原武史『団地の空間政治学』NHKブックス、二〇一二年
本間洋平『家族ゲーム』集英社文庫、一九八四年
三浦展『「家族」と「幸福」の戦後史』講談社現代新書、一九九九年
宮部みゆき『理由』朝日文庫、二〇〇二年
宮部みゆき『東京（ウォーター・フロント）殺人景色』光文社カッパノベルス、一九九〇年（『東京下町殺人景色』として文庫化、一九九四年）
B・J・フリーデン、L・B・セイガリン『よみがえるダウンタウン――アメリカ都市再生の歩み』北原理雄訳、鹿島出版会、一九九二年
J・G・バラード『ハイ・ライズ』村上博基訳、ハヤカワ文庫、一九八〇年
M・ピーズマン、M・ハートリー『ヤッピー・ハンドブック――シティ派プロのライフスタイル講座』平野二郎訳、ダイヤモンド社、一九八四年

第二章　副都心の系譜

西三郎、柴田弘美『全共闘』河出書房新社、二〇〇三年
岡田晋平『太陽にほえろ！伝説――疾走15年　私が愛した七曲署』日本テレビ放送網、一九九六年
第二次惑星開発委員会『PLANETS』5号、PLANETS、二〇〇八年
武藤吉夫『お台場物語――まちが生まれるまで』日本評論社、二〇〇三年
東郷尚武『東京改造計画の軌跡――多心型都市の形成と都庁舎移転』東京市政調査会、一九九三年
中川一徳『メディアの支配者』上下巻、講談社、二〇〇五年
平本一雄『臨海副都心物語――「お台場」をめぐる政治経済力学』中公新書、二〇〇〇年
本所次郎『閨閥――マスコミを支配しようとした男』徳間文庫、二〇〇四年

法輪智恵編『踊る大捜査線研究ファイル』フジテレビ出版、一九九八年
村上春樹『ノルウェイの森』上下、講談社文庫、二〇〇四年
村上春樹『村上朝日堂』新潮文庫、一九八七年

第三章　東京のランドマーク変遷史

朝倉喬司『涙の射殺魔・永山則夫事件――六〇年代の少年犯罪』新風舎文庫、二〇〇七年
池上正樹『連続殺人事件』同朋舎、一九九六年
江戸川乱歩「押絵と旅する男」（『江戸川乱歩全集』第五巻）、光文社文庫、二〇〇五年
大藪春彦『蘇える金狼　野望篇』角川文庫、一九九六年
大藪春彦『蘇える金狼　完結篇』角川文庫、一九九六年
小野俊太郎『モスラの精神史』講談社現代新書、二〇〇七年
岡崎京子『ジオラマボーイ　パノラマガール』マガジンハウス、二〇一〇年
岡崎京子『東京ガールズブラボー』上下、ＪＩＣＣ出版局、一九九二～九三年
岡崎京子『東方見聞録――市中恋愛観察学講座』小学館クリエイティブ、二〇〇八年
岡崎京子『ハッピィ・ハウス』主婦と生活社、二〇〇一年
岡崎京子『ヘルタースケルター』祥伝社、二〇〇三年
岡崎京子『リバーズ・エッジ』宝島社、一九九四年
鮫島敦、日本電波塔㈱（監修）『東京タワー50年――戦後日本人の〝熱き思い〟を』日経ビジネス人文庫、二〇〇八年
田家秀樹『みんなＣＭ音楽を歌っていた――大森昭男ともうひとつのＪ-ＰＯＰ』スタジオジブリ、二〇〇七年
東京計画研究会（編）『東京計画地図――ビジネス発想の大ヒント集』かんき出版、二〇一〇年
中村真一郎、福永武彦、堀田善衛『発光妖精とモスラ』筑摩書房、一九九四年
姫野和映『お化け煙突物語』新風舎、二〇〇七年
細馬宏通『浅草十二階――塔の眺めと〈近代〉のまなざし』青土社、二〇〇一年

村上春樹『1Q84　BOOK2〈7月―9月〉』新潮社、二〇〇九年
吉見俊哉『都市のドラマトゥルギー――東京・盛り場の社会史』河出文庫、二〇〇八年
久野靖『浅間山荘事件の真実』河出文庫、二〇〇二年

第四章　水遷都市・東京

伊藤和典『機動警察パトレイバー――風速40メートル』富士見ファンタジア文庫、一九九〇年
大友克洋『AKIRA』講談社、一九八四～九〇年
小木新造『東京時代――江戸と東京の間で』講談社学術文庫、二〇〇六年
ジェフリー・ディーヴァー『ボーン・コレクター』上下巻、池田真紀子訳、文春文庫、二〇〇三年
島田荘司『火刑都市』講談社文庫、一九八九年
鈴木理生『江戸の川・東京の川』井上書院、一九八九年
『東京人』編集室編『江戸・東京を造った人々1――都市のプランナーたち』ちくま学芸文庫、二〇〇三年
平本一雄、前提書
ロバート・ホワイティング『東京アンダーワールド』角川書店、二〇〇〇年
森川嘉一郎『趣都の誕生――萌える都市アキハバラ』幻冬舎、二〇〇三年
「特別対談　押井守×今野敏」『ランティエ』角川春樹事務所、二〇一〇年三月号

第五章　接続点としての新橋

大澤真幸『不可能性の時代』岩波新書、二〇〇八年
大濱徹也『乃木希典』講談社学術文庫、二〇一〇年
永田博『歴史の中の東京駅ものがたり』雪華社、一九八三年
隈研吾、清野由美『新・都市論TOKYO』集英社新書、二〇〇八年
佐藤喜一『汽笛のけむり今いずこ』新潮社、一九九九年
司馬遼太郎『坂の上の雲　新装版』全八巻、文春文庫、一九九九年

竹内洋『立身出世主義――近代日本のロマンと欲望　増補版』世界思想社、二〇〇五年
永田博『歴史の中の東京駅ものがたり』雪華社、一九八三年
中西隆紀『幻の東京赤煉瓦駅――新橋・東京・万世橋』平凡社新書、二〇〇六年
長山靖生『日露戦争――もうひとつの「物語」』新潮新書、二〇〇四年
初田香成『都市の戦後―夏目漱石『三四郎　改版』新潮文庫、二〇一一年
七尾和晃『闇市の帝王――王長徳と封印された「戦後」』草思社、二〇〇七年
福田敏一『新橋駅の考古学』雄山閣、二〇〇四年
正岡子規、粟津則雄編『筆まかせ抄』岩波文庫、一九八五年雑踏のなかの都市計画と建築』東京大学出版会、二〇一一年

第六章　空の玄関・羽田空港の今昔

ウィリアム・マンチェスター『ダグラス・マッカーサー』下巻、鈴木主税、高山圭訳、河出書房新社、一九八五年
加山雄三『若大将の履歴書』日本経済新聞出版社、二〇一〇年
キネマ旬報映画総合研究所編『映画・映像産業ビジネス白書　2011-2012』キネマ旬報社、二〇一一年
講談社編『暮らしの年表／流行語100年』講談社、二〇一一年
坂口弘『あさま山荘1972』上巻、彩流社、一九九三年
曽我誉旨生「ターミナルビル変遷史」『日本のエアポート01　羽田空港』イカロス出版、二〇一〇年
日本生産性本部編『レジャー白書　2012――震災後の余暇を考える』日本生産性本部、二〇一二年
平木国夫『羽田空港の歴史』朝日選書、一九八三年
増田弘『マッカーサー――フィリピン統治から日本占領へ』中公新書、二〇〇九年
山田久俊「マッカーサー厚木上陸の真相」『文藝春秋』文藝春秋、二〇〇五年二月号

本書は『ｓｃｒｉｐｔａ』（紀伊国屋書店出版部、二〇〇九年二月～二〇一四年一月）の連載「トーキョーβ」に、大幅に加筆修正したものです。

[著者略歴]

速水健朗（はやみず・けんろう）

1973年、石川県生まれ。ライター、編集者。コンピュータ誌の編集を経て現在フリーランスとして活動中。専門分野は、メディア論、都市論、ショッピングモール研究、団地研究など。TOKYO FM『速水健朗のクロノス・フライデー』パーソナリティ。著書に『1995年』（ちくま新書、2013年）、『フード左翼とフード右翼』（朝日新書、2013年）、『ラーメンと愛国』（講談社現代新書、2011年）、『自分探しが止まらない』（ソフトバンク新書、2008年）、『ケータイ小説的。』（原書房、2008年）など。

東《とう》京《きょう》β《ベータ》 ――更新《アップデート》され続《つづ》ける都市《とし》の物語《ものがたり》

2016年4月25日　初版第1刷発行

著　者　速水健朗

発行者　山野浩一

発行所　株式会社 筑摩書房
東京都台東区蔵前2-5-3／郵便番号111-8755
振替00160-8-4123

印刷・製本　三松堂印刷株式会社

装　丁　有馬トモユキ（TATSDESIGN）

装　画　宮崎真一朗

ISBN978-4-480-86443-7 C0095

乱丁・落丁本の場合は、お手数ですが下記宛にご送付ください。送料小社負担でお取替えいたします。ご注文・お問い合わせも下記へお願いいたします。

筑摩書房サービスセンター
さいたま市北区櫛引町2-604　〒331-8507
電話048-651-0053